一拉杆箱笔记把我送进了北大

北大付小梦 ◎著

北大

北京联合出版公司
Beijing United Publishing Co., Ltd.

图书在版编目（CIP）数据

　　一拉杆箱笔记把我送进了北大 / 北大付小梦著.
-- 北京：北京联合出版公司，2025. 4 -- ISBN 978-7
-5596-8300-7

　　Ⅰ. G442-49

　　中国国家版本馆CIP数据核字第2025Y3Q152号

一拉杆箱笔记把我送进了北大

作　　者：北大付小梦
出 品 人：赵红仕
责任编辑：管　文
选题策划：蔺亚丁
版式设计：姜　楠
封面设计：吉冈雄太郎

北京联合出版公司出版
（北京市西城区德外大街83号楼9层　100088）
北京时代华语国际传媒股份有限公司发行
北京中科印刷有限公司印刷　新华书店经销
字数81千字　880毫米×1230毫米　1/32　5.5印张
2025年4月第1版　2025年4月第1次印刷
ISBN 978-7-5596-8300-7
定价：52.00元

一拉杆箱笔记
把我送进了
北大

　　我是一名普普通通的大学生，在北京大学燕园里度过了宝贵的四年青春，和众多大学生一样，有着这个年纪的烦恼和喜悦。对于我的高中母校和家乡来说，我是很特别的存在。

我出生在河南省的农村——一个教育资源非常稀缺的小村庄。记得我即将上四年级的时候，村里的小学只剩下两个班，一个是一年级的班，另一个就是三年级的班，每个班不到十五个人。家长们觉得村里的小学没有前途，所以都想把孩子们往外面送。生源流失后，老师们也都不愿意来了，最后只有几位老师留了下来，组成了这两个班级。我的父母觉得或许下一年情况会好一点，就让我留在村里又上了一次三年级。等到第二年，暑假结束后开学的当天，整个学校只来了五个学生。老师见此情景，只能宣布学校倒闭。村里小学的大门就这样关上了，再也没有打开过。后来，这里被改造成了一个皮革厂，再也没有了往日的光景。

我去邻村上完了四到六年级，不知不觉间成了乡里成绩第一的学生。关于我的成绩在乡里是什么名次，我没有特别在意，只是听说县城里的实验中学很厉害，所以梦想能去那里读初中。我参加了实验中学的选拔考试，一起考试的同学都说数学题很难，但我感觉挺简单，顺利地拿了满分，语文和英语成绩也都很理想。总成绩出来后是第二十九名，成功考上了实验中学，我很开心。

乡里也有自己的初中，就叫乔庄第一初级中学。我听说这个学校校风差，对它的印象不是太好。乡中学的小升初考试是所有人都要参加的，印象里题目特别难。小升初的成绩没有公布，所以我也不知道自己考得怎么样。去县里上中学需要把学籍从乡里提出来，当时我妈去乡里给我转学籍的时候被阻止了，说是规定不能去别的地方上学。我觉得很奇怪，明明很多孩子去县里上学。当晚，乡初中的老师找到了我家里，原来是单独扣住了我的学籍。老师竟然成功把我爸妈说服了，让我留在乡里上学。我也听说实验中学的老师可能会看不起家境不好的孩子，以及考虑到县城离家太远，我可能会很想家，就选择留在了乔庄一中。

初中三年我一直保持年级第一的成绩，也很幸运遇到了比较好的老师，教给我后来一直受用的学习方法。中考时，我以县里第十一名的成绩考上了县一中。其实这个中考成绩并不是乔庄一中历史上最好的，往届似乎有考县里第四的学姐，但这已经不重要了。经过持之以恒的努力，高考时我创造了县里的历史——以全市第一名、河南省第十四名的成绩进入了北大。虽然对于整个县的学生来说，武陟一中是最好的学校，但它在河南省根本没有竞争力。当时实行文理分科，我们学校的理科成绩比文科成绩好一点，但也只是偶尔有一两个能考上清北的理科生；文科生好像从来没有考上清北的，至少在我的记忆里没有。我成了县里第一个考上北大的文科生，对于学校来说似乎是一个奇迹。从某种意义上来说，我的成功也突破了环境和教育资源的限制，直至现在，依然没有人再现这个奇迹。

如果用一句话来总结我的奋斗历程，那就是：一拉杆箱笔记把我送进了北大。

为什么是一拉杆箱笔记呢？

因为在有限的学习条件下，考上北大除了需要努力之外，更需要高效且实用的学习方法，需要把学习时间利用到最大化，更需要让付出的时间都实现收获。而笔记承载着我所有的学习思考和心得，是我学习收获的结晶，所以笔记本对我

来说特别重要。高考后，我也舍不得扔掉这些笔记本，而是把它们收纳进一个拉杆箱里，就是这一拉杆箱的笔记把我送进了北大。

有很多人觉得能考上清北的学生一定是智商超群的，但我始终不觉得在学习这件事上，自己是靠天赋或者智商做好的。高中的时候，我发现班里有些同学在学习上比我松懈很多，但是成绩也挺好，只是比我差一点而已，于是我就想，我能不能也放松点试试。结果，我思想上稍一松懈，马上就在成绩上体现出来，下次考试直接从年级第一退步到了年级第二十。我从来没考过这么差的成绩，这直接导致班主任以及其他任课老师以为我谈恋爱了，轮番找我谈话。所以说，我的成绩一直是和我的努力呈正相关的，付出不一定有回报，但是不付出就一定没有回报。那么，我能考好的原因究竟是什么呢？其实是有方法地努力。学习这件事并没有大家想象的那

5

么难，它是有规律可循的，只要方向对了、方法合适了、努力的程度达到了，谁的成绩都不会差。高考这件事还没有到拼智商或者天赋的地步，学习能力是可以通过努力提高的，真正的天赋更多地体现在某一个具体的领域，而且达到很高的水平时才会用到。而在我们小、初、高的学习阶段，更适用的道理是事在人为，用心不用心是能否提高成绩最具决定性的因素。

我承认世界上确实有天赋很好的学生，他们即使没在学习上花太多时间，成绩也很好，但只是极少数。影响学习成绩的因素有很多，不只有天赋和努力这两个。我觉得我不是天赋型的，而是属于努力

型的。我的成绩在别人看来很不错，我的努力大家更是都能看在眼里。小学的时候，虽然我对学习方法还没有太多思考，**但是我能做到特别踏实地学习，在学习上不糊弄。**小学六年级的时候，语文老师建议我们把一到六年级的语文书上所有需要背的内容再背一遍。别的同学都没当回事儿，我回到家后真的把书都找齐了，然后一项项地把需要背的课文全都背了一遍。当时我就发现，脑子真的是越用越灵，因为在背的过程中，我发现我记东西的速度越来越快了。经过那段时间的集中记忆训练，我的记忆能力得到了质的飞跃。初中时，在班里举行的记忆大赛中，我毫不费力就拿了

冠军。当然，学习不能只靠死记硬背，更需要理解和思考，需要会应用，会举一反三，尤其是语文和英语，需要会阅读、分析、总结。所有这些能力都是需要在练习中提高的，不是凭空产生的，而学会记笔记、用笔记，是一切的起点。

北大付小梦

2020 年高考河南省文科第 14 名
北京大学新闻与传播学院

目录

1

第三章
Part · 03

笔记就像手机 App，可以不断更新

第四章
Part · 04

好的笔记永远能派上用场

第七章
英语笔记怎么做

Part · 07

第一章

Part · 01

作为学生，
为什么要做笔记

常见误区：
为了记笔记而记笔记

大家都知道学习要记笔记，那么到底为什么要记笔记呢？或许很少有人思考这个问题。在下结论之前，我们需要先认识记笔记的误区，不要为了记笔记而记笔记。

为什么这个误区要单独拿出来说一下呢？ 因为不端正记笔记的思想态度，同学们可能会做很多"无用功"。我一向觉得玩儿的时候就好好放松，学习的时候就认真投入，如果你在学习上花了很多时间，却没有任何收获，成绩没有任何提高，这就是我们通常所说的"无用功"。做笔记也是这样。我们做笔记，不是为了完成老师布置的任务，不是为了完成做笔记这个行为。

很多同学会觉得记笔记没什么用，只是为了应付老师的要求或者迫于家长的威压，最后记了笔记。如果这样想的话，记笔记确实发挥不了什么作用。如果笔记流于形式的话，它就无法成为大家学习的工具，而更像是大家眼中的负担，给大家的学习徒增任务量而已。

还有的同学可能已经有了记笔记的习惯，并且能从自己赏心悦目的笔记本里获得成就感，这一部分同学的笔记或许确实很漂亮，但是不一定真的有用，因为他们可能记完就不再看了。如果是这样的话，笔记本就更像是知识的出租屋，大家只是短暂地把一部分知识从老师口中或者课本上记述到笔记本上，却并没有把知识变成自己的。知识仿佛留在了漂亮的笔记本上，而不是大家的脑子里，只有留在脑子里的知识才是真正有用的。

当然，也有一部分人即使不记笔记成绩也很好。这是不是说明记笔记是一件可有可无的事，不如不记呢？当然不是。有人不记笔记也能考好，不代表所有人都是这样，这是因人而异的。如果真正学会了记笔记和用笔记，你的学习一定会变好，这一点毋庸置疑。

　　我记笔记的习惯是从初中养成的。初中刚开学，我的老师就强调，每个人都要有笔记本和错题本，也指导了笔记本和错题本应该怎么用。当时，我并不理解这样做的好处，更多的只是服从，老师怎么说我就怎么做。后来，我发现记笔记确实对学习成绩有帮助。我们班整体的成绩确实也比其他班好很多，但是我并没有对记笔记进行过太多自己的思考。到了高中，老师管得比初中少了，学习的难度和任务量却比初中大很多。于是我开始思考，如果不记笔记会怎样，并进行了试验。我尝试了一段时间，在听课时集中精力往脑子里记，不写笔记，想看看如果听完就记住了，是不是就不需要再多此一举记到笔记本上了，这样会不会比记笔记效率更高，学习效果会不会更好？

　　果然实践出真知，我试了几天后，马上就发现了这样做的弊端，认识到了记笔记的真正作用，并优化了我的学习方法，找到了最佳的记笔记方式。那么，我试验的结果具体是怎样的，我发现的弊端究竟是什么，笔记的真正用途又是什么呢？我在下一节揭晓。

应对遗忘，
及时回顾

上一节我们讲到，在记笔记之前，一定要清楚我们是为什么而记，不能为了记笔记而记，或者为了完成家长和老师布置的任务而应付。那么，记笔记到底是为了什么呢？首先，一个最明显的目的就是对抗遗忘。

遗忘是人的本能，学习就是一个不断回顾、在一遍遍练习与复习中掌握熟练新知识的过程。**那些学习成绩好的同学，他们难道就真的过目不忘吗？**他们难道天生就拥有超强的记忆能力？当然不是。

关于背书，最让人头疼的就是背单词，要么是根本记不住，要么是记了又忘，和没记一样。就连我父亲上学时也苦恼于英语单词记不住。他中考时就是乡里为数不多考上县一中的，上高中后其他科成绩都挺好，唯独英语太差，再加上当年高考的算分机制，成绩受到了很大制约。

现在回到我自己身上，我的英语成绩从初中到高中一直都是接近满分。初中时英语考试甚至得过满分，高中时英语最高考过 148.5 分，也就是前面的题型一分没扣，只是作文扣了一点儿。

初中的时候，在同班同学眼里，我仿佛就是一本行走的"英语词典"。坐得离我近的同学做英语题时遇到不认识的词都懒得查词典了，直接问我什么意思，我一般都能说出来。同学们以为我背单词过目不忘，甚至有人专门跑来问我："你是怎么记住这么多单词的，不会忘吗？"

其实我当然也会忘，并不是天生脑子里就自带单词储备量，我是通过后天的努力达到这样的效果的。

我上小学的时候，大家都把英语当"副科"，一周可能就上一两节英语课，期中和期末考试也不考英语。所以我在小学时几乎没学过英语，基本是上了初中才开始学的。

我对单词量的重视开始于初中做的一篇完形填空题。在我遇到那篇完形填空题之前，我自认为英语学习挺简单的，反正每个阶段出的题都是学过的东西，都能看懂，做题也基本上没遇到过问题。然而那篇完形填空题给了我一个不小的打击，我和同学们一致觉得它太难了，完全不知道该怎么选，这让我重新审视了一下自己的英语水平。我在想，问题到底出在哪儿呢？我的英语水平怎么突然下降了？我有点难以置信。

我思考后发现，这篇完形填空题的第一大难关在于很多单词我都不认识，因此看不懂，也就更加不知道该如何选了。于是我开始逐词查阅，把不认识的单词都做了标注之后，再来看这篇完形填空，就发现它变简单了。

那个时候我才意识到，词汇量真的很重要，词汇量不够没准以后还会遇到这样的情况，**我要怎样才能**

提高自己的词汇量呢？ 我的方法就是先把这篇完形填空题里出现的生词记在笔记本上。也就是从那个时候开始，我有了单独的英语生词本，之后每次做英语题时，我都会把不认识的单词圈一下做个标记，之后再抽时间查一下它们的意思，记到笔记本上。有时候，我做题遇到不认识的单词，但又觉得有点眼熟，我就会去我的笔记本上找。有时候发现以前查过这个词，我又忘了。忘了没关系啊，每多看一遍就会加深一遍印象，多回顾几次就完全记住了，并且在笔记本里找一个特定单词的时候，也会顺带着把笔记本上的其他单词再过一遍。这样一来二去，养成习惯之后，我的英语单词储备量不知不觉就提升了。

从这件事中，我们可以看到，一个看似很简单的小习惯，就能给我的学习带来非常明显的效果。所以记笔记有没有用呢？当然有用。

那不记笔记可以不可以？ 我还真做过这样的试验。

初中时，我在老师的要求下养成了记笔记的习惯。到了高中，我的学习自主性更强了，于是开始思考，我省掉记笔记这一步行不行？反正考试又不能带笔记本进考场，能记到脑子里最重要。此外，不记笔记还可以节省时间。

说试就试，碰巧当时学校或县里偶尔会请一些名师来开讲座，我在听数学讲座的时候就开始尝试了，控制住自己记笔记的习惯，尽量一边听一边往脑子里记。这样做的时候，自我感觉良好，好像这样直接就能在课堂上把知识消化了，效率很高。

然而没过几天，我在做数学题的时候，突然想到一个知识点是当时听讲座时老师讲过的，如果用来做这道题会很简单，但是我记不清楚具体是什么了，只是有个模糊的印象。接着，我就后悔了，如果我当时把它记下来该多好，这样就算我忘了也能在笔记本上找到，并用在解这道题上。现在可好，当时是理解了，以为记住了，但用到的时候又想不起来，再过一段时间就完全忘了，和没听一样。

我不记笔记的试验就此宣告失败，还好试验周期不长，损失还不是很大。

所以，记笔记的首要目的就是应对遗忘，能够让我们及时回顾。大家可能听说过艾宾浩斯遗忘曲线，当天学了一个新知识，在第二天的时候会忘掉很多，接下来还会每天忘一点儿。大家可以回忆一下自己的学习经历，是不是今天背会了一篇课文，第二天再背好像就背不出来了？今天上课知道老师讲了什么，但是没有记，也没有回顾复习，到期末的时候可能就完全忘了，或者只剩下一个模糊的印象，更别提能灵活运用了。这个时候，记笔记的作用就凸显出来了。讲完就记下来，再加上后续的复习，基本上可以在大脑里形成长期记忆，到期中或者期末考试前复习的时候，就会省心很多。

梳理脉络，
心中有数

在上一节中，我们讲到记笔记的首要目的是应对遗忘、及时回顾，这一点是记笔记最直接的好处。记笔记不只有直接迁移这一种方式，笔记还可以作为一种梳理知识脉络的绝佳方式。

高中时，我的历史老师讲课语速很快，而且内容的知识含量很高，没什么废话，全是干货。我一度十分苦恼，历史笔记到底应该怎么记，历史课到底应该怎么听。

如果一边听一边记，很容易这一点还没记完，老师又说到下一点了；而急忙记下一点的时候，老师又往后讲了。所以，我上历史课的时候总是手忙脚乱的，跟不上老师的速度和思路，一节课下来备感迷茫，不知道老师到底讲了什么，我到底听了什么。

我们历史老师确实才望兼隆、满腹经纶。他不是照着书本或者 PPT 念课，他讲的都是书上没有的，或者是在书上不能直接找到的知识，大多是根据他的教学经验总结出来的内容。

所以，如果你跟不上他的思路，你就不知道自己上历史课到底学了什么，也不知道怎么在书上找到他讲过的知识；如果你没有记下来，就会漏掉很多知识点。

正是由于我跟不上老师的思路，所以我一直没搞清楚历史到底该怎么学，到底需要记住哪一部分内容，因此背书背得不扎实，历史成绩也不稳定，忽好忽坏。

直到高三的某一轮复习过程中，我好像被打通了任督二脉，突然顿悟了。上历史课的时候，我可以直接记下老师讲的关键词，重在听脉络，具体细节等到课后再补充。

　　因为历史这一学科需要对一个又一个的历史阶段形成整体的认知，并掌握每个阶段的特征。当时，我们的课本是政治、经济、文化三方面分开成册的，实际上我们需要掌握的是通史，即一个历史时期从各个层面来讲分别发生了什么，所以对每个时期发生的事能够形成框架脉络就非常重要。如果没有框架脉络，我们所掌握的历史知识就是零散的，无法被组织起来，也没办法形成对某一阶段历史的整体认知。

　　于是我开始在上课的时候重点听取老师讲课的脉络，并在笔记本上记下关键词，等到课后再回顾、补充一下。这样一来，我感觉每节课都学到很多知识，经过一轮复习后，每一部分的历史知识都能掌握扎实。

　　就这样，我从原来上历史课时的迷糊状态，变成了心中有数，而且经常有别的同学下课后询问我课上的重点。

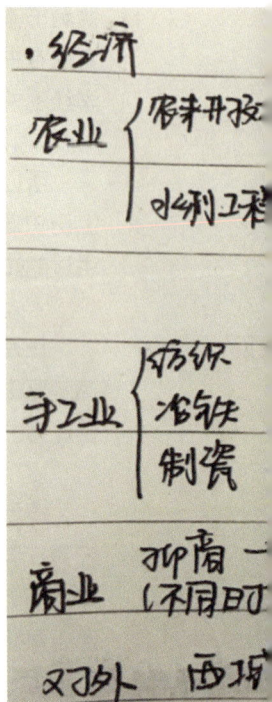

·经济

农业{ 家庭开放
　　　水利工程

手工业{ 纺织
　　　 冶铁
　　　 制瓷

商业{ 柳肃
　　　不同时

对外　西域

下图是我在经过一轮复习后，历史笔记中的某一页，希望可以让大家感受得更直观一些。

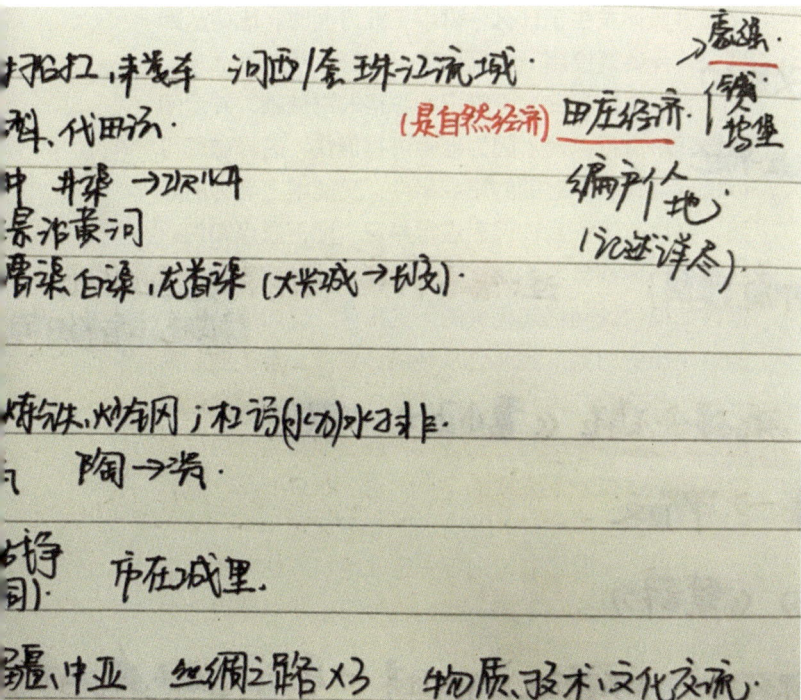

● 图1

　　这是我在复习某个历史时期的时候记的笔记，老师可能分经济、政治、文化等方面来讲。老师讲到经济部分时，我就标一个点，写上"经济"两个字；接下来讲农业方面，又分为农耕技术和水利工程，后面又细讲具体发生了什么；讲手工业方面时，比如从陶到瓷，我就直接用一个箭头表示，怎么简单怎么来。大家可以看到，我这份笔记的脉络非常清晰，并运用关键词来进行梳理。因为老师讲得很快，这样做既可以梳理清楚一个时期的重点事件，又能跟上老师的思路，并且有助于我在课后进行复习，记下重点知识。在每个时期都复习完后，单拎出来一个时期，我也知道该如何快速回忆起相关的历史事件。比如提到图中的这个历史时期，我就会从经济、农业、手工业、商业和对外交流几大方面来进行回忆。另外，记笔记的时候，可以善用缩写、关键词，自己能看懂就可以，不必对形式有太多顾虑。

　　所以，一份好的笔记不一定非得是原封不动地把老师讲的东西全记下来，我们完全可以将老师讲的内容梳理得更清晰，让我们记得更牢固、听课效率更高。

大家想一下，如果我能早意识到笔记可以有这样的用途，我的历史是不是早就学好了，不用等到高三的时候才醒悟过来。我把这个例子告诉大家，就是为了可以帮助大家在学习的道路上少走弯路，毕竟好的习惯越早养成，学习就会越轻松。

这种方法也分学科，有的学科需要这样，有的学科不需要，大家可以根据自己的实际情况决定怎么记笔记，我会在后面传授相关的具体方法。

整合知识，融会贯通

在前两节中，我们提到记笔记的两大基础用法：应对遗忘和梳理脉络。在这一节中，我将带大家认识笔记的高阶用法。

好的笔记三分在课上、七分在课下。

这里的七分指的不是上一节提到的上课记关键词、课下补充，而是在练习、做题的过程中对笔记进行进一步的补充完善。

我们的学习过程，无非就是包含听讲、做题、讲题、考试这几个环节，其实我们在学校花在与题目周旋上的时间应该比上课听讲的时间多得多。往往一节新课之后，后续都是练题、讲题，再讲下一节新课，循环往复，到了快要考试时，继续练题、讲题。初三有半年时间都是在复习，高三一整年都在复习，复习时做题也是重要环节。

既然如此，我们的笔记就不能局限于听课的时候记，它可以发挥的作用也不仅限于对老师所讲的知识的回忆和梳理上。

要想拿高分，一定需要把知识理解透彻、融会贯通，做题时才能灵活运用。我们可以好好利用记笔记的习惯来达到这个目的。

一般而言，老师在一节新课之后布置的作业就是对这节课所学知识的练习，也就是做题。这些题目肯定是围绕我们所学知识来出的，所以做题是进一步掌握所学知识的有效途径。我习惯在学完一节新课后，开始做对应的练习题之前，先花些时间回顾一下笔记本上的内容。这样，在做题的时候就会更加得心应手。做完题之后，需要对照答案认真分析。如果是错题，我就会思考是哪个知识点没掌握好，然后翻开笔记本，用红笔把出错的具体内容补充到相应的知识点旁边。

还以上一节所展示的笔记为例，大家可能注意到除了知识脉络之外，我还在右上角单独写了田庄经济，并用红笔标注了田庄经济是自然经济，而且在田庄经济和豪强下面都画了红线。这就是我在做一道有关这个知识点的选择题时做错了，弄懂之后才发现我没搞清楚田庄经济是自然经济，并和豪强有关，所以我就翻开笔记本，找到了这一部分进行了标注。

别小看这样一个简单的习惯，只要是做题时出过错的知识点，我们都可以进行标注，再看笔记本，重点突出、易错点分明。

上课听讲，我们只是完成了对知识的初步了解。做题的过程中，我们会了解到知识如何应用，易错点在哪儿，还有对于知识理解的细节性问题。这个过程必须要有记录、有标注，否则，做完一段时间后就很容易遗忘，而遗忘其实就代表题白做了，下次遇到类似的题目还是会继续错，学习效率低。如果不回到知识点旁边标注的话，我们就不能很好地把题目与知识点联系在一起，很难做到知识的融会贯通。

当然，有的学科知识点在书本上就能找到，我们不需要多此一举把书上的内容再搬到笔记本上，哪个知识点出错之后也可以直接在书上标注，这个技巧是非常灵活的。我在后面的章节也会具体讲什么需要记在笔记本上，什么不需要记。

我的笔记本内容丰富，但它不是在我第一次记的时候就写成这样了，而是在做题的过程中不断补充形成的。但凡在做题过程中遇到容易出错的，或者我们原来不知道的，就可以补充到对应知识点的旁边。这样，我们再看那个知识点的时候，就会看到我们曾经出过哪些错，这个知识点曾经以怎样的形式考过，对知识的认识就会更加深刻，理解得更加透彻。

记笔记也是整合知识的过程。**大家都想达到把知识融会贯通的效果，可到底该怎么实现呢？** 其实不需要吃多少苦，有多么顽强的毅力和多么强大的自制力，只要做好一个个小细节，养成一个个小习惯，自然而然就实现了。学习其实并没有大家想象的那么困难，也并不是只有痛苦。

记录收获，
逐步提高

前面说了，笔记不仅可以记老师在课上讲的东西，也可以记录每个知识点的易错点，帮助我们对知识理解得更加透彻。**那么，就不能记一些别的东西了吗？**

当然可以，笔记还可以记录收获。

笔记的本质就是一个学习工具，工具的使用权在我们自己身上，我们想怎么用就怎么用。或许有的同学的笔记本还具有一定的观赏性，这也是工具的用途之一。我的观念是，笔记不能白记，一定要对我的学习产生积极的推动作用。所有付出都要为我们所用，不能白白浪费我们的时间和精力。

这也是我学习的原则，就是任何一件事都不能白做，无论是上课听讲还是做题、翻阅资料、上网课，我每做一件事都一定会问问自己收获了什么。只要是能让我收获到新知识，或者是新的解题思路、技巧方法等，我都会把它们记录到笔记本上，进行整理，再经常加以回顾，把它们真正变成自己的东西。

否则，如果不去想有什么收获的话，做很多事情就是徒劳无功的，看不到成绩的提高。

我们来思考一下学习中该如何进步，成绩又究竟该如何提高？答案很简单，就是把原来不知道的、没掌握的内容一点点地变成知道的；把我们原来没见过的东西逐渐见一见、做一做；把原来掌握得不那么扎实的基础知识一点点地掌握扎实，建立自己的解题思路，这就是成绩提高的过程。

提高成绩的关键，是掌握自己原来不会的那部分知识。

大家不要害怕题做错或者不会做题。这次遇到不会的题，弄懂后下次就会了；如果发现自己没做对是因为某个知识点没掌握，做完题后把知识点复习一下就掌握了；再或者这次不会是因为遇到这类题不知道该怎么想、怎么分析，那么把解题思路捋清楚，总能突破这个题型的。这就是进步的过程。

于我而言，这个过程一般会在我的笔记本上看到痕迹。

我对于知识点和解题经验的思考都会写到笔记本上，或者补充到知识点旁边，一是为了防止遗忘，二是可以进行积累，分类归纳，从量变到质变、从不会到会。

我高中入校的时候成绩并不是县里前十，在市里更排不上号，更别说在高考人数一百多万的河南省进行排名了。在高一时，我就发现身边有很多天资聪慧的人，我认为自己很难超越他们。我就是靠一步一个脚印地积累，慢慢地把自己的成绩往上提，成了学校第一、全市第一，最终在河南省也能排到前十几名了。

其实分数越高，再想往上提就越难，但是方法总比困难多，学习就是这样一个发现问题、解决问题的过程。在这个过程中，我并没有总在和别人比较，而是专注自身，慢慢修补自己的知识漏洞，成绩自然就会越来越好。

笔记本就是我提高成绩道路上坚实的依靠，如果什么都是学了就忘，忘了也不知道去哪儿找，就这样任凭已经付出的努力白费，然后等待着之后什么时候再彻底掌握，这样做是很难学好的。

因为我们不只有一个科目要学，每一学科也不是只有一个章节或者一本书的知识需要掌握，所以很多时候对于我们的大脑来说，知识都是零碎的，很难成体系，所以我们才需要借助笔记本记录收获，让它们能关联起来，最终实现成绩的突破。

有的人可能做完卷子在卷子旁边标注一下正确答案就完事儿了，过段时间卷子也扔了，根本没有机会去回顾通过做卷子得到的收获。可能这张卷子上做错的题，下次遇到还是会错。这样的话，做卷子有什么效果呢？还不如那段时间去睡觉，去玩，去放松一下身心呢。

讲到这里，"为什么要记笔记"这一部分就结束了，我总结了记笔记的四点目的或者好处：一是应对遗忘，及时回顾；二是梳理脉络，心中有数；三是整合知识，融会贯通；四是记录收获，逐步提高。

希望大家能够切实感受到记笔记带来的帮助，看到自己的成绩有所提高。

第二章

上课

如何高效记笔记

Part · 02

如何平衡记笔记
与听讲的关系——以听为重

知道了记笔记的重要性后，接下来就是操作层面的问题了。

有些同学不是不知道记笔记的重要性，而是不知道该怎么记，就像我在上一章提到的上历史课的情况一样。

还有的同学想把老师讲的内容一字不差全部记下来，分不清重点。实际上一节课下来，不仅课没听好，笔记也没记好，于是开始怀疑自己就不是学习的料。

那么上课到底是听讲更重要，还是记笔记更重要呢？

我的答案是——听讲更重要。

在上一章里我讲过，笔记是为了把在课堂上学到的知识记录下来，防止之后忘了没地方找，方便我们进行回顾。

如果上课就没听懂，没有收获，那课后去回顾什么呢？

所以，上课最重要的事就是紧跟老师的思路，理解他在讲什么，这样才能分清重点。因为听讲要求的就是当场理解和接受知识，笔记则适用于课后复习巩固。我们只有先好好听讲，才能知道哪些知识点对自己来说是需要重点记的。

如果你认真听了，但是没有听懂，或者说你没跟上老师的思路，不要紧。

你可以先记下关键词，也可以把漏掉的部分先做个标记，课后去请教别的同学。

你一定要保证先尽力听，如果能一边听一边在脑子里面记最好。然后把你觉得重要的知识点，在课后进行回顾，并记在笔记本上。

那是不是说只听讲就行，没必要记笔记呢？

还记得在上一章里，我拿自己做的那个试验吗？听懂了不代表当场就记住了，就算我当场能记住，那也只是短期记忆，不代表一天、两天或者一周之后不会忘。

所以，我想在正式讲如何记笔记之前，先花一点篇幅告诉大家，我教大家记笔记不代表我鼓励大家只注重记笔记这一件事情，不代表别的学习环节都不重要。学习是一件需要各个环节互相配合的事情，大家一定不要本末倒置。听讲和记笔记从来不是对立的关系，而应相得益彰，使大家取得更好的学习效果。

灵魂拷问：
为什么有些同学不听讲
还学得比你好？

　　说到听讲，大家可能会有一些发自灵魂的拷问：你看我们班里的某某同学都不听课，但是人家为什么就是考得好？我天天认真听课也没见考得有多好呀，这是为什么？人家是不是就是聪明，是不是天生会学习，我是不是笨啊？

　　到底为什么有的人不听课也考得比你好，真的是因为所谓的智商高吗？

　　其实不是这样的，我认真思考过这个问题，就像认真思考为什么要记笔记这个问题一样。

　　我也想过，我到底要不要有选择性地听课，听课有什么用？我看一些优秀的学长学姐分享的经验里说，一定要认真听课，但是我为什么即使认真听课成绩也不升反降呢？后来我发现，要不要听课分人，也分老师。

　　上课的本质就是老师将知识传授给学生，这里面包含三个要素：一是老师，二是知识，三是学生。所以，需不需要聚精会神地听讲和老师所讲的内容有关，也和我们自身的知识储备有关。

　　一是老师授课内容的知识浓度和有效性。

　　有的老师，比如我的高中历史老师，他讲课的语速很快，干货特别多，不听可能会有很大损失，所以上他的课，我就会全神贯注地从头听到尾。

　　这一点取决于授课老师的个人风格。有的老师喜欢讲得慢一点，从容一些；而有的老师喜欢快节奏。

　　二是个人已有的知识储备。

　　有时候，老师在讲授试卷上的错题时，他讲的那些题我没有错，我可能就不需要听了；或者说他讲的那些内容我已经很熟了，那么其实我也是不需要听的。一般来说，老师讲授新知识点的时候，大家还是需要认真听的。

　　有的同学选择不听课，可能是因为他已经熟练掌握了老师在课上所讲授的知识点，即使他选择再听一遍，也对自己的帮助不大，那么他就可以选择在课上自己做题，或者做一些对他的学习起到积极作用的事情。这是一种选择，这种选择体现了他的一种思考，没有盲目从众，而是去思考什么对他有用、什么对他没有用，最后选择对他的学习真正有用的事情去做，这是一种自主学习的表现。

　　三是上课收获有用信息所占的比重。

　　我不是鼓励大家都不听课了，而是要在听不听课这件事上自知所长。

　　要充分认识到自己已有的知识储备，也要对老师的个人风格有一定的了解，看老师上课讲的东西对你来说是不是有用，归根结底就是看你上课收获的有用的信息占这节课的比重。

如果老师上课讲授的知识点对你来说全是有用的信息，那就投入全部精力去听；如果你确定已经掌握了老师讲授的内容，那就可以不听；如果不确定老师是否会讲到一些你不知道的知识点，那就一边按照自己的学习计划来，一边留意一下老师讲的内容。大多数情况下，新课需要大家全神贯注地听课，复习课和讲题课则可以根据自己的情况决定怎么听。

一定不要浪费上课的时间，我们只有充分利用了上课的时间，才可以在课下少花点工夫。

所以，不要再纠结班里那些尖子生听不听课这个问题了。每个人的学习情况各异，知识储备各不相同，每个老师也有不同的特点，没必要去和别人比，大家做好自己就可以了。

上课关键记这四大重点

知道了如何平衡听讲和记笔记的关系后，我们来正式学习一下上课究竟该怎么记笔记。

第一，我们要记新知识。

什么是新知识？前面我们提到过，老师讲新课时提到的一般都是全新的知识点。或者是课程已经讲完了，我们还是会在复习的过程中，遇到一些自己原来不知道的知识点，这对我们而言也是新知识。

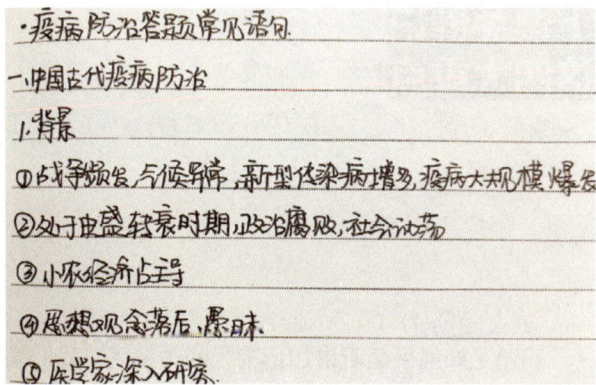

● 图2

以我在上图中展示的这一段笔记为例，历史老师在讲课的时候，讲到了有关疫病防治答题的常见语句，以及中国古代疫病防治的背景等内容。这类内容就属于课本上没有的知识点，因为当时正值新冠疫情防控期间，高考考题很有可能会涉及相关热点，老师就帮我们总结了这些答题思路，这些当然要记下来。

如果大家在上课时听到老师讲这种我们没有听说过的、考试又很可能会考的知识点，一定要重点记下来。

如果老师讲的是能在课本上或者资料书上找到的内容，就不用再专门抄到笔记本上了，可以直接标注在书上，尤其是像政治这种经常考到课本原文的学科。如果大部分知识点就在课本上，那么再往笔记本上抄写会花费很多时间，完全没有这个必要。若遇到老师讲的补充知识，直接标在课本知识点旁边，复习的时候直接翻课本就可以了。

像数学这种学科就不一样了，课本上都是比较基础的例题，知识点比较少，我们就可以把老师讲的内容记在笔记本上，正好可以起到梳理知识的作用。

第二，要记下框架性的知识脉络。

什么是框架性的知识脉络呢？ 就比如在上一章中出现过的历史笔记（如第 17 页图 1 所示），就是典型的知识脉络。老师在讲课的时候，可能会有自己的思路，我们记知识脉络会对整节课更加有掌控感，知识掌握得也更有条理性。

前面我们也提到过，课分为三种类型：讲新课、

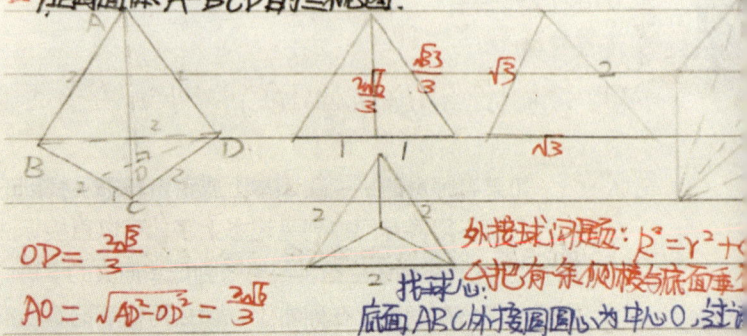

类比于求内切圆半径: 面积法. $S = \frac{1}{2} rC$ (周长).

求内切球半径: 体积法. $V_{P-ABC} = \frac{1}{3} r \cdot S_{\text{表面积}}$.

1. 正四面体 $A-BCD$ 的三视图.

$OD = \frac{3\sqrt{3}}{3}$

$AO = \sqrt{AD^2 - OD^2} = \frac{3\sqrt{6}}{3}$

外接球问题: $R^2 = r^2 + c$

找球心

把有条侧棱与底面垂

底面 ABC 外接圆圆心为中心 O,过

正四面体外接球球心在其内部

球心, 故球心在 PO 上.

2. 一有边在 y 轴上的三角形, 用斜二测画法作其直观图, 面积

3. 求棱长为 a 的正四面体外接球半径, 内切球半径.

讲题课和复习课。对于不同类型的课，我们的处理方式是不一样的，讲新课需要记的笔记就多一点，或者说标注在课本旁边的笔记就多一点；对于讲题课，有的人会在老师讲题的时候，先把相关内容标注在题目旁边，之后再整理到笔记本上，如果你的效率够高，也可以直接记在笔记本上；而复习课不像新课那样，在课本上就可以看到很多知识点，更像是对课本知识的一种归纳、提炼和总结，这时候可能就需要记到笔记本上。

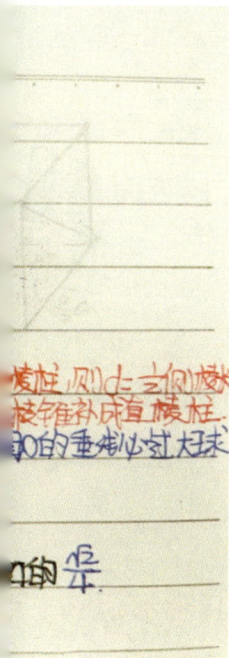

当然，以上这些主要和老师所讲的内容有关，有用的就记，没用的或者书上有的就不用记。

第三，要记老师补充的知识。

比如，上图是我的一页数学笔记，应该是高一老师讲几何的时候记的，距离现在时间有点久了，所以铅笔字迹有点模糊。当时

老师在给我们讲正四面体的三视图，补充了一些数据，还补充了正四面体的外接球、内切球问题以及相关的公式。老师说这些我们要记住，考试考到的话可以直接用。果然，后来考试的时候经常出现。如果记不清老师怎么讲的，就可以翻一翻这一页，做题的时候直接用。

有时候，老师在讲例题时，会给我们拓展、补充一些具有规律性的知识，一些常考的内容，尤其是数学这一科，我们一定要注意记下来。因为这些知识点是课本上没有的，而做题的时候又很有用。

第四，要注意记下老师重复和强调的部分。

上课时，我们有时听不出来什么是重点，而有些老师讲课的时候会重复，比如一句话他讲了好几遍，他其实就是在提示你：重点到了，你该记下来了。

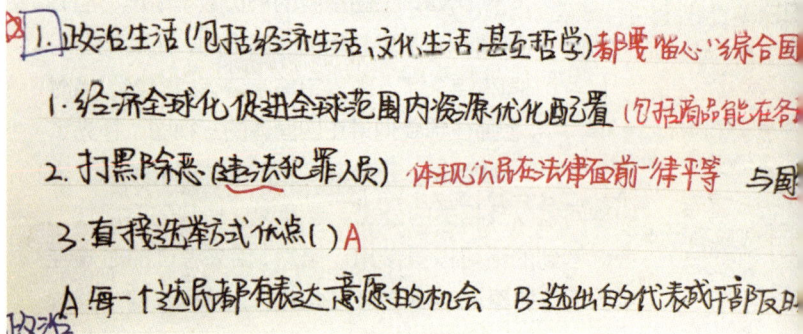

● 图4

比如我的上图政治笔记的第一点，写到答题时别忘了"综合国力""国际竞争力"这两个词。其实，政治老师讲课的时候提到了很多次，当时我按照自己的做题经验来看，没怎么遇到这两个词，于是就没在意。

直到有一次考试的时候，答案里出现了这一点，我没写出来，事后我看了一下别人的试卷，发现他们都写出来了。于是我后悔莫及，不该忽视老师多次强调的知识点。

这是一个教训，我意识到老师反复强调的内容是重点，虽然我目前没遇到过，那只是因为我看见的题还是比老师少。

总之，上课记笔记主要是记对于自己而言的新知识、框架性的知识脉络、老师补充的知识和老师重复讲的内容，不需要一字不差地从头记到尾。可以在课本上和资料书上找到的内容，也不需要再抄到笔记本上，大家可以根据自己的实际情况来调整自己究竟需要记什么。上课需要记的是自己不知道的、书上没有但做题要用、可能会忘的内容。

善用缩写、及时标记，速度倍增

上一节主要告诉大家我们需要在上课的时候记下哪些内容。接下来，我给大家分享上课高效记笔记的两个小窍门——善用缩写和及时标记。

我不是一开始就知道记笔记不用完完整整地记，可以用缩写的。关于如何记笔记的方法，我也是在学习过程中逐步探索的。

我上初二的某一天，一位新来的英语老师给我们上课。她不仅授课的语速很快，而且还一边讲课一边在班里的过道来回踱步。她停在我旁边时，看了一眼我正在记的笔记，然后跟我说："你这样记不行，记得太麻烦了，你记个缩写就可以了。"当时，我才意识到原来笔记不用记得那么详细，用缩写就可以，只要自己能看懂就行。这个老师一堂课会讲特别多的知识点，而且都是我原来不知道的，所以我就得马不停蹄地记笔记，用缩写才能跟上她讲课的速度，同时也能学到更多。

　　缩写就是用关键词代替自己上课时没有跟上的内容，以下图这一页笔记为例。

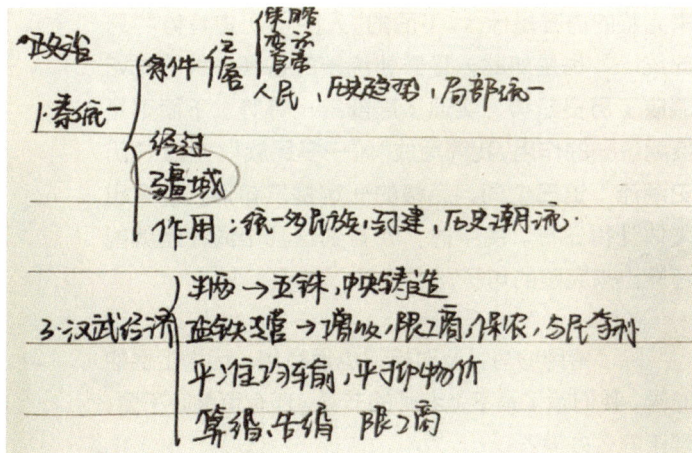

● 图5

这一页还是历史笔记，因为历史老师的语速很快，也就更加考验我们记笔记的速度，所以才会需要运用到一些记笔记的技巧。**很多同学因为跟不上老师的语速，会在课下来借阅我的笔记。**为什么我能跟上呢？就因为我用了缩写。

比如主观条件，我会写个"主"字；客观条件，我会写一个"客"字。右边的"策略""变法""皇帝"都是缩写。由于我在听课的时候是非常认真的，印象比较深刻，所以我在课后看着关键词就能想起来完整的内容是什么。下面的"人民""历史趋势""局部统一"也是如此，是秦朝统一的客观条件，比如顺应了历史趋势、实现了局部统一等等。下面则是秦朝统一的作用，我简写成"统一多民族""封建""历史潮流"这三个词，完整的一定是三句话，都写出来估计得三行。高中时，我看到这几个词肯定就能还原出来完整的句子。

除了善用缩写，及时标记也很有用。因为上课的时候，我们除了跟不上老师的节奏，还有可能听不懂，那该怎么办呢？

　　这时候，有的同学就会想，一个知识点听不懂，后面就都听不懂了，整节课就完了，这一科就废了，其实没有这么夸张。

　　我也会有听不懂的时候，听不懂就标记一下，在笔记本上留出空间。接着往后听，课下再通过请教老师或者同学，弄懂就可以了。

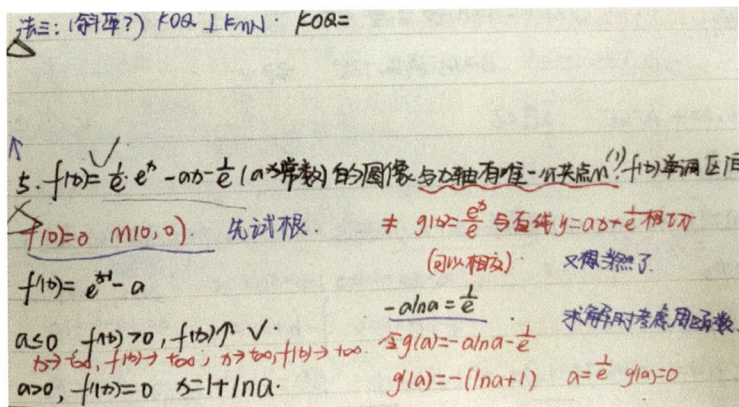

● 图6

　　比如在上页图所示的一页数学笔记中，我就留了一块空白的地方。当时老师针对这道题讲了三种解法，第三种应该是从斜率入手的，我当时没听懂，有点慌，但是那个数学老师节奏快、不等人，紧接着就讲下一道题了。为了不耽误我听老师讲述其他题目，我只能先用"黑色小三角"的标记标注一下这道题很重要，再用问号表示我没听懂。

记笔记的方式是灵活的，只要自己能看懂自己写了什么就行，怎样做效率高、效果好，我们就怎样做，形式并不重要。相较而言，文科科目更容易出现的问题是上课没跟上，比较抽象的学科更容易出现的问题则是听不懂。所以这两个小技巧都很有用，跟不上老师的语速就用缩写，没听懂就标记。当然，标记的不仅可以是没听懂的，大家觉得重要的、易错的也都可以标记。

层次分明的三色笔记

我记笔记的时候一般习惯用黑色、红色、蓝色三个颜色的笔，不同的颜色代表不同的含义：黑色是普通知识点，红色是我出过错的知识点，蓝色是带有总结性质的内容。我以下面这一页笔记为例。

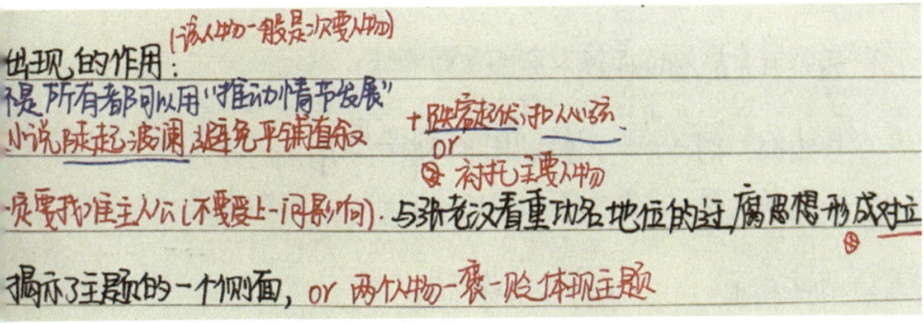

● 图7

这是一页语文笔记，它记了某人物出现的作用。

黑色笔记是答题角度：情节、人物和主题。我自己可能也会想到这三个角度，算是基础性的知识，所以我用黑色笔来记。重点则是红色和蓝色笔记，"使小说陡起波澜，避免平铺直叙"是我没想出来的要点，可能我知道要从情节角度来写，但是我只能想到"推动情节发展"，没有想到"避免平铺直叙"这一点，所以我就用红笔来提醒自己，然后用蓝笔写下"并不是所有都可以用'推动情节发展'"来进行总结，同时提醒自己以后答别的题目时注意情节角度的表述。

不知道大家注意到没有，后面接着一个"红色加号"，写了"跌宕起伏，扣人心弦"，这可能是我做另一道题的时候发现的全新表述，就记到旁边了。这也印证了在上一章中所讲的笔记用途——整合知识，记录收获。把不同题目里同一角度的表述整合在一起，是我记笔记的思路之一。人物和主题的角度类似，黑色笔记是我能想到的，红色笔记则是我当时没想出来的。

　　这一页笔记可能不是我在上课时记的，而是总结错题时写的，用来向大家展示三色笔分别怎么用一目了然。

　　如果是课堂上记的，其实差不多。

　　老师讲的一般内容都用黑色，笔记的主体肯定是黑色的。如果老师强调了什么内容，比如之前提到的"综合国力和国际竞争力"，以及老师补充的内容都可以用红色笔来写。再比如关于正四面体这一页的数学笔记（见第 045 页图 3），红色笔记的部分是我自己可能想不到的，蓝色笔记的部分则是具有规律性的知识点。

　　为什么要这样写呢？ 因为三种不同的颜色代表不同的重要程度，可以让我们一眼分清主次，知道易错点和重点在哪里，一目了然。

　　如果全部都是黑色笔记，复习的时候就没有侧重点，而且也看不完。

如果有黑色的笔记，也有红色和蓝色的笔记，我若没有充足的时间复习笔记的话，可能只会看蓝色的

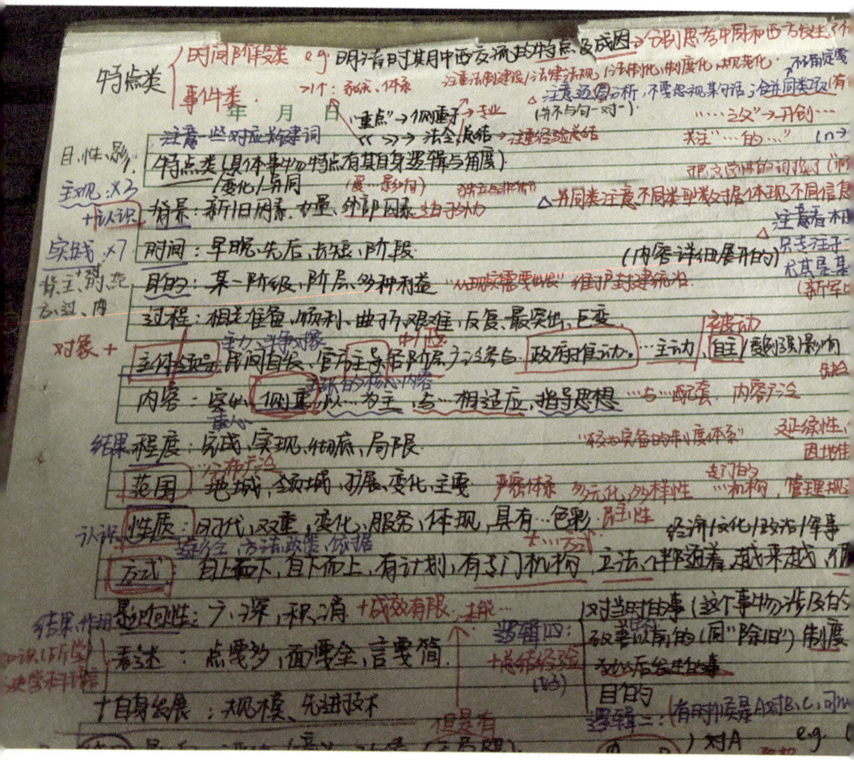

● 图8

部分；如果时间相对充足，我可能也会看红色的部分；如果时间足够充足，我才会把笔记从头到尾过一遍。

这是一个使自己的笔记变得层次分明、重点突出的方法。

可以说，我用三种颜色的笔来记笔记，不是为了使我的笔记看起来更加美观，而是为了实用。因为我的笔记不算规整，一眼看上去密密麻麻的，甚至有点乱。但是，这并不影响笔记本里的内容都是精华，我也会不断补充新的内容。关于如何进一步做好一页笔记，我会在后面的章节中接着分享。

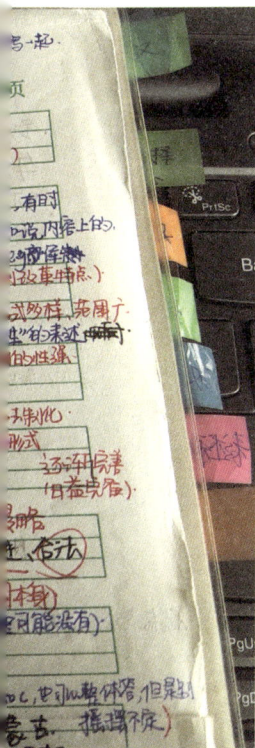

Part · 03

第三章

笔记就像手机 App，
可以不断更新

思考：听完老师讲课，你的笔记进度完成了多少？

在开始这一章的内容之前，需要大家先思考一个问题：**听完老师讲课，我们的笔记进度完成了多少？我们的学习进度又完成了多少？**

其实我在前面已经透露过这个问题的答案了。完成一份笔记，三分靠课上听讲，七分在课下补充完善，具体的比例受老师水平的影响。那么到底为什么要这样，又该如何让我们的笔记不断更新、优化，就是我在这一章主要分享的内容。

在听课的时候，我们完成了知识的接收，但是考试考的是知识的运用，是我们运用知识解决问题的能力，所以课上的基础知识只是学习的一部分。我的笔记更多的是做题，以及实战经验积累的体现。

笔记渗透在我学习的各个环节中。听课的时候，我会运用一些技巧来记好笔记，或是将知识点记在课本空白处；做完题后一定要对答案，有收获就要及时记在笔记本上；自习的时候，我也将笔记本放在手边，随时记下我觉得有用的知识点；背书的时候，会顺道将笔记本上的内容一起背了。有时候，我的笔记本和错题本是不做区分的，基本的思路是一样的。

老师在上课时，一方面是讲课本知识，另一方面是讲题。不同老师的水平和风格迥异，他们上课教给你的做题方法的有效程度就不一样。

有的同学会有这样的疑惑——上课我也听懂了，老师讲的方法我也掌握了，但很多题我还是不会做。

造成这种情况的原因有二：一是因为老师讲的方法不够实用、难以落地，二是老师对于自己所教学科的理解并不透彻。

　　上课能收获多少实用的知识，和老师本身有很大关系。如果老师的水平特别高，你再练一些题把他传授的方法熟练掌握，做题就没问题。或者你不知道这一科怎么学，不知道该如何提高成绩，就拿着自己的试卷去找老师分析，老师能精准地找出你的问题所在。你按照老师说的去做，成绩就能提高。可惜这样的情况可遇不可求，而且多集中在一些教育资源比较好的地区，对我们大多数人而言，提高成绩是需要自己付出很多思考和努力的。

　　我大学室友们的高中经历就和我完全不同。她们不需要每天早上五点起床、一个月只休息一天，而是八点上课、正常双休，她们的成绩依然很好。她们总说，如果不知道怎么提高成绩，去请教老师就可以了。而我如果没考好，也会被老师叫过去谈话，但他们更多的是给我施加压力。其实，老师也不知道我到底该怎样做才能进一步提高成绩，只会敦促我要抓紧时间，学习要有紧迫感，但这些都不是决定学习成绩的本质问题。具体怎么突破瓶颈，怎么找到薄弱点，怎么针对性提高，这都是需要自己去思考和摸索的。

各地区的教育资源分配不均，我们的老师也已经尽力把他们掌握的知识教授给我们了，只是对我们来说或许还不够。这就需要我们自己在练习中不断地总结学习经验和学习思路，需要有笔记本这样的工具来帮助我们把做题的收获最大化。

学会分类，逐个击破：
总结题型很关键

我一直相信一个真理：没有问题的细化就没有问题的解决。

放到学习上，这句话就体现为：总结题型，逐个击破，有针对性地解决自己的问题。

我的笔记在进行课后优化时是以题为核心的，因为除了上课听讲以外，我们课后主要做的就是对各科的各种题型进行练习。这些练习可以帮助我们巩固课上所学的知识，也可以训练我们的解题能力。

要想在考试中拿高分，我们就要通过做题来学会解题。而学会给我们做过的题进行分类是一件很重要的事情，因为只有分类之后才能逐个击破，解决一个又一个板块难题或者题型，成绩自然就提高了。无论我们使用怎样的学习方法，如何安排我们的学习时间，只要我们能突破一个学科的各种题型，我们就能拿到高分。

我的笔记就是完全服务于这一点的。

无论是哪个科目，我都会把平时做题得到的收获分类积累下来。

比如，上页图展示的是我的数学笔记本。我分别画了不同的小图案，并按照导数、三角函数、立体几何、函数小题、统计、解析几何等板块来进行分类。我使用的就是一个普普通通的笔记本，经济实用，便于存放和携带，用小标签分类贴上去就可以了。

哪个板块有问题，我们就重点解决这个板块；这个板块里的哪个题型

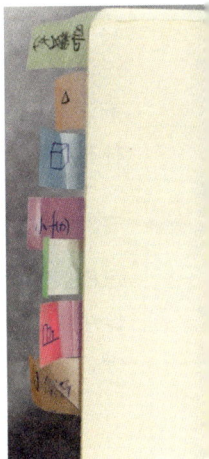

● 图9

有问题，我们就重点解决这个题型。这样直击薄弱点的方法比模模糊糊地学、盲目地花费时间，效果好得多。

其实，每一科都可以分为不同的题型。即使是语文，也可以分为论述类文本阅读、文学类文本阅读（其中，小说考得比较多，有时也考散文）、实用类文本阅读、古代诗歌鉴赏等，如果不知道如何提高语文成绩，就可以分题型突破。我的语文成绩就是通过这个方法提高到了 130 分以上。每做一道论述类的题目之后，我就会打开笔记本，翻到有论述类小标签的那一页，看我之前记过哪些内容，哪些是我之前没有记的，是通过这次做题得到的新经验，比如这个错误类型是我之前没有见过的，这次出错了，我就把它写上去，进行补充。

再比如历史，它的论述题可以分为原因类、背景类、过程类、特点类、变化类、异同类、意义类、影响类、作用类以及小论文这几种类型，我当时就是一类类突破，然后把历史成绩提上来的。

题型分得可粗可细，这个需要看大家的实际情况。

如果有些部分，你不需要分类就已经做得很好，那还按照原来的方式就可以。要记住，我们需要解决的就是存在问题、不知道怎么做、怎么拿高分这三部分。

当然，每个题型的突破都需要一个积累的过程，我们很难刚开始就找到每种题型的破解技巧和思路。我们需要做的就是把答案里没想到的部分积累起来，积累到一定程度之后，才能找到突破口。这也是我不偏科的原因，因为我每一科都是按照这样的思路来学习的。

分题型记录内容时，也可以从题型倒推到知识点，有针对性地补足基础知识。在处理错题的时候，我们不仅可以收获解题的思路，也会发现一些我们没有掌握扎实的知识点。这时，我们就可以回归课本或者笔记本，将它在记忆中补牢。

曾经有一个家长跟我说："对于文综来说，课本知识是不是很重要？我让我闺女好好看课本知识，她就是不听。她非得先做题，说做完题后才能知道课本中哪些是重点。"实际上，她闺女的这个做法非常聪明。

　　如果不做题，一上来就看课本，可能看不出什么重点，总觉得我好像都会了，又好像不完全会，没有太强的收获感。这个时候，我们就需要先做题，因为在做题的过程中，我们才能发现哪一部分确实掌握得比较牢固、哪一部分还生疏，然后再去看课本，就会有不一样的感觉。

　　从记笔记的角度出发，可以延伸出很多高效的学习方法，学习过程中的各个环节都是环环相扣的，我的习惯就是通过笔记把各个环节贯通起来。也就是说，通过好好记笔记，我们收获的不仅是几个笔记本，还可以把基础知识掌握得更加熟练，总结出做题技巧，分题型突破。

　　学习离不开思考，思考的时候应该不断把问题细化。如果你问我语文到底怎么学、数学怎么学这种问题，那说明你自己没有进行细致的思考，而是等着别人把东西嚼碎了喂你。这些很笼统的问题，如果用两三句话来解答，那也只能是很笼统的答案，对于实际操作没有什么意义。

参考答案是绝佳工具

参考答案对于学习十分重要，因为我们很难凭空想出一些方法和技巧。方法都是遵循先模仿再迁移，自己再应用的一个过程。当我们自己还不会做某类题型，甚至还没有任何思路的时候，首先要做的就是好好研究我们做过的这类题的参考答案。

利用答案指的不是抄答案，像语文、政治、历史、地理等这种涉及文字很多的科目，我不建议在对答案的时候，把参考答案完完整整抄上去，不仅累，还浪费时间。

我们一定要在做完题后，拿笔在参考答案上进行有思考的圈画，这样比盲目抄写要节省时间，而且收获更多。

以下是我们需要重点注意的：

首先，要看我们没有写出来的部分。

第一种情况是大致思路正确，能写出大部分参考答案，但是漏了一些细小的知识点。这种可能涉及思维拓展和对知识点认识得不够全面的问题。我们可以先在答案里把我们没写出来的知识点圈画出来，再补充到笔记本或者课本上相对应的位置旁。

第二种情况是我们没有思路，不会做、不会写。这时候我们就需要从宏观的角度来看，首先把每一个答案理解清楚，知道它表达什么；然后再回头审视每一个答案的角度，比如一道语文题的答案，角度是情节还是别的什么；接下来思考这个答案是从哪部分材料中得出来的，并在对应位置上圈画一下；最后看整个答案是如何组织的，一个答案与下一个答案之间的逻辑是什么。完成了这几步之后，我们就得到了思维上的训练。

如果没有开始，就不会有进步。大家不要觉得这样分析题目太麻烦，熟练了之后就会变得很快，我们的思维就会向出题人的思维靠拢，向这一学科所要求的分析路径靠拢。

每一学科学到最后，比拼的都是思维，出的题可能是新的，材料你也可能没见过，题型也不按照常规套路来。每当这个时候，考的就是我们的分析能力、思考模式，也就是思维，而思维是可以靠后天训练形成的。

笔记优化是一个自然而然的过程，我们可以借助参考答案逐渐纠正自己的思路，优化自己的思维。

参考答案并不一定都是完美的，尤其是对于语文、政治、历史、地理这样的科目来说，但是参考答案可以帮助我们补足知识漏洞。无论你现在是在读小学、初中还是高中，我们都可以通过分析参考答案来提分。

这里要注意的是，我们要区分参考答案是不是真题的答案。中高考真题答案的参考价值更大，可以拿来多看几遍，仔细研究，分析思路，训练思维。我们平时做的模拟题的命题思路，不一定真的和中高考命题人一致，这也是之前学文科的同学成绩忽高忽低的原因之一。因为不同考试所用的试卷，出题团队不一样，答案设置也会有区别。平时做的题的参考答案，需要根据不同的情况来看待，好的参考答案值得认真研究，不太好的则不用浪费太多时间。

说到参考答案，可能有人会问，我遇到不会做的题能不能直接看答案？

以数学为例，我的办法是，如果有一点点思路上的苗头，就先按照这个苗头往后想，看想到哪一步被卡住，确定往后想不下去了，再看答案。看答案的时候，要重点关注答案是怎么解决卡住我们的点的，这是重要的收获和启发。

数学和地理这两门学科的题目有一个共同的原则，就是没有白给的条件。每一句话可能都是对做题有用的信息，如果你没有把题目里给的条件用完，题可能就做不出来或者做错，甚至把简单的题做复杂。我们看答案的时候，要着重看答案和条件的关系，分析答案在如何运用条件。

尤其是针对我们不完全会做的，并且在看了之后有点想法但又没有确定思路的题，就需要通过分析参考答案才能学到东西。如果有些题你已经完全会做了，就不需要再仔细看参考答案了，类似的题也可以基本不做了。

最后，还是有必要提醒一下大家，参考答案是我们提高成绩的绝佳工具，但是不要把它当成作弊或者糊弄老师的"绝佳工具"哦。

做题后这样完善效果惊人

首先，大家要有这样一个认识，这本书的存在不是为了让大家学会做笔记，而是为了让大家学会学习。本章讲笔记如何更新优化，目的也不是让大家拥有更美观的笔记，拥有让人赏心悦目、成就感满满的几个笔记本，而是以笔记为线索来给大家讲学习这件事，教大家如何在日常的学习过程中收获更多的知识和技巧，从而提高自己的成绩。

做题可能是同学们在学习过程中出现最频繁的一件事，**那么怎样才能让每一道题都不白做呢？** 这就需要大家学会在做题后及时回归笔记本，把从做题中学到的东西"颗粒归仓"。

做完题后，我们需要重点关注不确定、不会做以及做错了的题，思考出错的原因。如果是由于知识点没弄懂或者遗忘了，就需要翻开笔记本或者课本，精准地找出自己没掌握好的知识点，然后用红笔进行圈画，作为对自己的提醒；如果题目里出现了新的问法、涉及拓展知识，也需要直接补充在原有知识点旁边。

第一，为什么一定要用红笔圈画而不是看一眼就行，这是一个以长远的眼光去看待问题的做法，只有有所标记，下次再复习到这部分知识的时候才能知道易错点和常考点，帮助我们更有针对性地复习。

第二，题目里出现的新问法和涉及的拓展知识，要及时补充到笔记本上。知识点这一关我们闯过了，下一关就是解题思路、分析方法。我们需要思考答案是如何得出来的，是来自材料、知识点还是拓展性的知识，并把思考后的收获记录在笔记本上，这样才能慢慢地锻炼自己的思维。无论是哪一科，做题的时候都不能止步于做完这道题就行了，也不能止步于我知道对错就行了，更不能止步于我现在知道这道题怎么做了。一定要学会回顾和思考，回顾这道题的分析方法。因为一类题的分析思路是相似的，我们只有一道题一道题地去模仿正确的分析思路，纠正自己的思考过程，才能练就分析的本领。尤其是那些对你自己来说很新的题目，除了偏题、怪题之外，它们还是很有启迪价值的。这类题往往对知识点有一种全新的考查形式，我们可以把这种全新的问法记在笔记本上，这样再看到知识点的时候就会知道，它还可以这样考，积累多了之后思维也会更加灵活；另一种情况是题目考查的有可能是老师上课没有讲到的，我们在遇到这种题目时，就可以把拓展的知识点记在笔记本上。

比如学语文和政治时，很多人会担心自己跟不上时政热点，其实对于大部分时间都在学校的中学生而言，掌握时政热点的最佳方式就是做题。因为每当有新的时政热点出来，总会及时地出现在模拟卷里，换言之，出模拟卷的人比学生本人更关心接下来可能会考到的热点。而且他们把时政热点出在题里，我们通过做这类题，不仅能知道有什么时政热点，而且会知道将以何种形式被考查，一举两得。

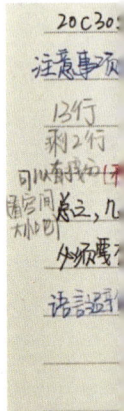

相反，粗略地浏览一遍新闻本身可能记不住什么东西，只是知道有这么一件事发生，看不出来它会怎么运用到考试上。做这种题的时候，可能会没有思路，因为它太新了，你不知道怎么去想，没关系，做完后借助参考答案就能得到提高。

笔记本的一个核心作用就是防止我们学到的东西被忘掉，提高学习成效。我们可以把同类题目的收获写在一块儿，复习后就会慢慢悟出来这类题目的解法。

以下面这一页笔记为例：

● 图10

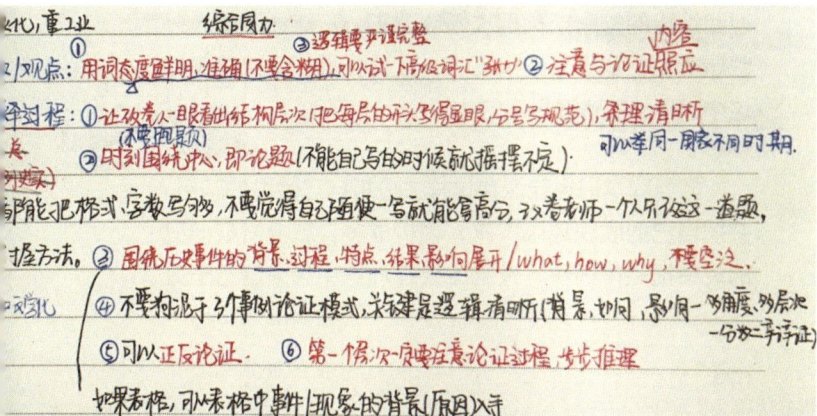

　　这是在我的历史笔记本里，针对论述题写的总结。大家乍一看可能会觉得挺花的，又是红笔，又是蓝笔，又是黑笔，还有铅笔。这一页笔记就是随着做题的增多，在原有的基础上不断补充、不断更新的结果。

　　比如有一次，我做了一道小论文题，得分不太高。我仔细对比了一下我的答案和参考答案，发现我的答案用词态度不够鲜明、准确，这很可能是影响我得分的主要原因。然后，我就将这一点记录下来。经过思考，我还得出了另一点：论证内容没有照应题目。也就是说，我在答案中举的例子和题目没有完全对应。

　　在这次做完题后，我得到了以上两点收获。等下次又做了一道小论文题，我又从失分点进行思考，发现我给出的答案结构层次不够清晰，不能让阅卷人一眼看出来，我就又记录下来。以此类推，我持续重复这个过程，就有了更多的内容。

　　如果同学们也能像我这样去分析自己做过的题目，并把自己的收获记录下来，积少成多，就会发现自己的成绩提高得很快，大脑也会在训练中越来越善于分析。即使自己在学习过程中出现了各种各样的问题，也会主动去寻找解决方法，学习就是一个发现问题、解决问题的过程。

考试后这样补充
以一当十

考试的本质就是在考场上做题。

除了升学考之外的所有考试，包括周考、月考、期中考、期末考，以及大联考，本质都是练习，都是为了查漏补缺。

在正式的升学考来临之前，无论是老师口中多么重要的考试，其实都没有那么重要，都可以看作做题。它们和普通做题、做作业相比，唯一的区别就是环境变了。

只是平时做错的题和在考场上做错的题给你带来的教训的深刻程度不一样，平时做错了题，可能第二天就忘了，过几天再做还是会错；考场上做错的题，直接影响到你的分数、心情，以及家长和老师对你的态度，所以你可能会记得更深刻，得到的教训也会更持久。

在考试后，如果抓住时机认真补充知识、补足漏洞，我们就会记得更牢。这件事情是有两面性的，虽然考试出错的题可能会让你受到批评，但如果你认真反思了考试的错题，得到的收获也是非常大的。

考完试是最佳的提升时机。很多同学问过我考试考差了怎么办？平时考差了都没关系，不能决定你的升学。考不好的时候，当然会伤心一阵子，更重要的是重整旗鼓，从自己的每一道错题入手，找到提高的突破口。

考差了则要反思，但是不能胡乱反思，反思也不等于空想。

假如考差了，一定要好好看看每一科的试卷，看看到底错在哪儿了，然后把错题弄懂。在处理错题的过程中，我们自然而然就会找到分数低的原因，比如某几个知识点没掌握好，某些题型不会做，有的内容老师上课讲过但是没认真听，做题时遇到过，蒙对了但后续没再管以至于没有真正掌握，等等。

不能坐在那儿空想：我考差了，我的学习到底出了什么问题呢？数学考得低，数学到底怎么学呢？我是不是学习的这块料？我有没有学习天赋？这些都是很空泛且没有实际意义的问题，不如脚踏实地从自己的错题入手来分析。

尤其是有部分同学可能觉得自己努力了，但是没有用，考试依旧没考好，就会特别委屈，特别受打击。这时候，为了防止出现更多不好的情绪，更要抓紧时间看错题。按照我前面讲的方法，把问题具体化，而不是怀疑自己的智商。用考试成绩来体现努力这一过程是存在滞后性的，因为很有可能你这段时间努力了，知识掌握得不错，但如果是综合性的考试，你出错的内容是你之前没有好好学的，那就不能说明你这段时间的努力是毫无用处的。

如果你能从考试中出现的错题往回推，去思考问题出在了哪里，你就会发现，虽然花时间学习了，但是听课听得没那么认真，漏了重点；在做题的时候，由于太追求速度，导致每次做完题后，没有把题里的知识点弄透彻，以至于这次又错了……这些都是我自己曾经犯过的错误。

通过分析考试卷子上的错题，可以解决很多问题。很多时候，我们努力了，却没看到成效，不是说明智商或者天赋不足，问题可能是出在了细节上。我们只有切实地分析在考试中出现的错题，才能对自己形成正确且客观的认知，而不是任凭自己胡思乱想。

考试前，老师多次强调考试的重要性，是为了让大家重视它，不代表它们就真的是"定性考试"。实际上，这些考试都不能决定你升学考的水平，只是将你的问题暴露出来，并给你提供进步的根据点而已。

既然考试的本质还是做题，所以在处理方式上，就和上一节所讲的一样，只要把心态放平就可以了。

第四章

Part · 04

好的笔记

永远能派上用场

一支红笔，
错误不再错

笔记做得好，才能用得好。这一章我们就进入用笔记的环节。

前面我们已经讲过，记笔记可以使用三种颜色的笔，其实记笔记和用笔记有时是交织在一起的，记的过程也是用的过程，尤其是关于红笔的运用。

笔记本上的红色字迹对我来说都是宝贵教训，比如我做过的练习题出错的地方。如果问题出在知识点上，我一定会找到它考查的知识点在课本或者笔记本上的出处，然后用红笔圈一下，在旁边标注一下哪里容易错或者哪里我没有理解到位；如果问题出在解题技巧上，我也会在笔记本上找我之前有没有记录过相

似的题型，没有的话就补充上去，有的话就先把之前
关于这个题型的内容再回顾一下。其中，之前记过但
是没掌握的内容也要用红笔圈一下，以及在旁边标注，
然后再把新的收获记录下来。

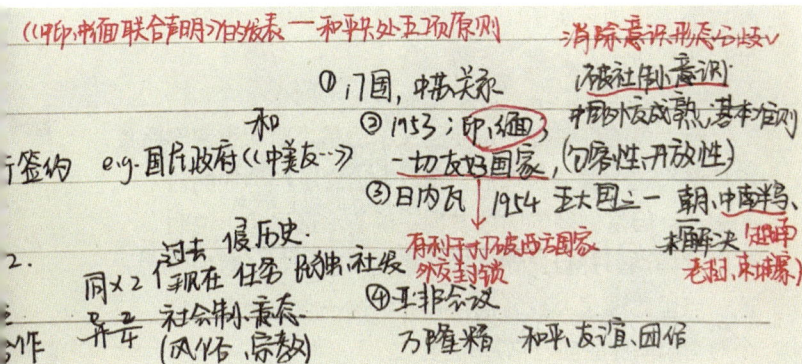

● 图11

　　比如我的这一页笔记（如图 11 所示），黑色笔记
的是正常的知识，在这里也可以看出我运用的笔记技
巧。在老师讲课的时候，我将缩写、关键词以及框架
记录下来，"破社制、意识"就是破除原来的社会制
度和旧的意识形态。

这一页的四处红色笔记所记的都是我在做题时遇到的新收获，出过错的地方和原来不知道的知识点，我就用红笔增添上去。比如有一次，题目里考到"中印、中缅联合声明"的发表与和平共处五项原则有关。这一点我可能原来不清楚，在做过那道题后，我就在笔记本里找到关于中印、中缅的外交关系这一部分，把它补充到旁边。

右上角的红笔部分是我原来不清楚"消除意识形态分歧"这个表述是对的，我以为它属于那种很绝对的表述。但是做题的时候发现正确答案选了它，说明可以这样说，并且这句话确实是在"破社制、意识"这一点里体现了，我就把它补充到这一点的上面，打个对钩用来提醒自己它是对的。

左下的红色笔记的内容可能是我在做论述题的时候，没有想到中国和这些友好国家的交往有利于打破西方国家的外交封锁这一点，所以我就把它标在下面。包括后面出现的"中南半岛"，之前我可能对中南半岛只有一个模糊的印象，我不清楚中南半岛是在说越南、老挝、柬埔寨这些国家，做题的时候因为这一点做错了。我就找到笔记本上这一部分知识的位置，并用红笔进行了标注。

这一页笔记是历史笔记，无论哪个科目都是一样的道理，只不过我看见这一页正好红笔内容比较多，就选它做了这一节的例子。

哪怕只是简单地用红笔一圈，当我们再看自己的笔记本时，也能轻易地知道自己曾经在哪个知识点上栽过跟头，提醒自己注意它。如果加上补充的知识点，我们便可以加深对这些知识点的理解。也许我们原来没有理解透这一点，假设你某次做题的时候正好遇见，即便做题的时候做错了，有了记录，也能对这方面的延伸印象更加深刻。当再回头看笔记本的时候，我们就会更有针对性。因为红色这个颜色非常显眼，一看就知道，原来这个地方我犯过错，这样就可以使我们的笔记更具有个性，也更适配自己。

好的笔记是很具个人色彩的，很多东西只有记笔记的人才能看懂，才能触发记忆点，对点滴收获都感触深刻。可能别人看你的笔记本上的红色字体并不会有太深感触，就像你们对我笔记本里的红色内容可能也没什么感触，但是我自己看的时候，我就能回想起来当时是怎么错的。如果还能延伸一步，进而反思当时我做题时怎么没注意到这一点，这就是笔记本的用途。

其实我的笔记本和错题本并没有严格的界限，它们本质上都是记录收获的载体。

有时一个本子前面记笔记，后面记错题，或者到了后期直接不区分了，所有收获都按照统一的模式记，笔记本上也记从做题中得出的经验。比如，我有时记了一道错题，但是当时对它的理解还不是那么透彻，之后又做了一道类似的题，想起来我之前记过的那道，我就会找到它，把新的收获用红笔补充到旁边。

我并不会把整道题都抄下来，有时候一道题就提炼成一句话，一针见血，写在笔记本上，就像上面的例子一样，很精准地记录收获，不浪费时间和笔墨。数学这样的学科也是一样，如果是一道步骤很多的题你没做对，只需要找出你从哪里开始错的，或者你是哪一步出错了，别的没有问题的步骤就不需要全抄到笔记本或错题本上了。除非是从头到尾你都不会做的题，这样的题你也许应该多找同类型的反复练，往笔记本上抄一道可能起不到多大作用。

用红笔的这个点看似很简单，好像一说大家都知道，但是据我观察很多人没有这样的习惯。更多的同学做完题后，出现的错题在听老师讲过后，觉得懂了，就认为可以了，就去做别的事情了，但是下次遇到还是不会做。或者同一个知识点，很多同学出了一次错后下次还会错。这都是因为没有在第一次出错的时候做好标注。如果一出错就找到知识点进行圈画标注，之后无论什么时候看到它都会加深一遍印象，哪怕是在翻书或者翻笔记本的时候无意中瞟到一眼也能起到作用，看似你只做了一遍题，其实你已经把它复习无数遍了，效率怎么会不高呢，效果怎么会不好呢！

如果错题反复错，还有一种可能，那就是这个题它本身难度就比较大，这就需要同一道题反复做。第一次做完后觉得这个题很典型或者做一次理解不了，就可以拿红笔在它的题号下面画横线作为标记；

第二天有空的时候找到前一天做标记的题，盖住答案自己再做一遍，从头到尾地想一遍，如果没问题了就可以放过它；还有问题的话，增加一个标记第三天再看。彻底搞懂一道自己不会做的题比做一百道自己会做的题的收获都要大，从不会到会就是进步和提高，而本来就会的题再做多少遍你掌握的知识也没什么变化。

所以，"一支红笔，错误不再错"不是说只要你买了一支红笔，一些题你就不会反复出错了，而是要善于运用红笔进行知识溯源、标注记录，并适时回顾。

复习笔记的
三个最佳时机

做了笔记不复习，等于没有做笔记。

很多人不是不想复习笔记，而是觉得没有时间，本来每天的时间就被大堆的试题占满了，再分出时间专门复习笔记又是一种负担。然而笔记记了后不看根本没多大作用，所以很容易得出笔记没什么用的结论。

其实不是笔记没有用，而是你不知道怎么用，比如，什么时候是复习笔记的最佳时机，怎么复习笔记最省时间且效果最好？这些问题都将在本节中得到解答。

复习笔记其实不需要额外花时间。

　　比如，早读就是很好的复习笔记的时机。我们学校在八点正式上课之前，安排了一个小时的早读时间，从六点十分到七点十分，其中前半个小时的时间是自由的，自己想背什么背什么，后半个小时是一天语文、一天英语轮替的。毕竟学文科对记忆储备量要求挺高的，只靠背当然不能拿高分，但是不背一定拿不了高分，如果知识点本身都没记住，更别谈能在论述题里灵活应用了。所以经常能看到班里的同学在背书，但是我花在背书上的时间并不多，而是把早读时间利用得特别充分。

　　"一日之计在于晨。"正常情况下早上背书效率是特别高的，因为这是一天中大脑负担最小的时候，它还没有接受任何新的知识，经过一晚的睡眠，昨天学的东西也得到了消化，当然一部分也被遗忘，不过没有完全忘，所以这个时候就是复习的最佳时机。很多知识你可能本来不是太理解，但是在记忆的过程中你自然而然就理解了，尤其是记住之后。所以早读不仅可以用来复习，也可以用来巩固。

　　那么复习什么呢？笔记是很好的选择。如果是按照前面所讲的方法来做笔记，那笔记就非常值得在早读的时候来背，我的笔记基本上都是早读时在背。尤其是高考前一个月的时候，我把早读时间安排得特别满。我不是提前一个月计划好每天早读要背的固定内容，而是每天灵活调整。比如，今天做题的时候发现这个知识点还不太会，今天又学到了一个解题思路，除了记在笔记本上之外，我还会在一张小纸片上分别写上它们的关键词，放到桌子上。第二天早读时，我就按照小纸片上记的东西来复习，去笔记本或者课本里翻看小纸片上出现的知识点和解题技巧，等等。

除了每天根据做题遇到的内容来复习之外，也可以统一规划。比如快考试了，有哪些英语单词和知识点需要背，就可以计划一下每天背多少，早读时背。

除了早读之外，课间也是我复习笔记的很好时机。

课间作为零碎时间，用来做那种需要大块时间的事肯定不合适，但是用来背笔记很合适。课间的环境虽然比较嘈杂，但是背东西的话对环境的安静程度没什么要求，如果是做题可能做不下去，背东西应该还好。我还习惯课间拿着笔记本或者课本到走廊上背，我们学校的走廊是开放式的，还可以看看外面放松放松眼睛。一分耕耘不一定有一分收获，但是不耕耘一定没有收获。我们想上什么样的大学，想获得什么样的成绩，必须付出对应的努力才可以。我当时的原则是尽可能抓住可以利用的时间来学习，并且学习必须有效果、有收获，不做无用功。有时候，我也会在口袋里装记有知识点的小本子或者学校发的单页知识点，上厕所或者打饭排队的时候拿出来背。每次背一点，积累起来还是很有用的。

和这种零碎时间比起来，还是课堂上的整块时间更重要，同学们一定不要舍本逐末，顾此失彼，利用好课堂时间成绩就不会差。当然，在利用好课堂时间的基础上，能够把其他时间也利用上的话，成绩会更好。

第三个复习笔记的最佳时机就是往上面写新的东西之前。我学习上的一贯逻辑都是"瞻前顾后"，在学新知识前把旧知识快速过一遍，包括背英语单词、记笔记。

对于记笔记，这个习惯用处尤其大。因为记笔记的过程会发生在一天当中的很多时刻，无论是哪一科的笔记、哪一个题型、哪一块知识点的补充，只要是往笔记本上写新的东西之前，习惯性花几秒钟时间把你上次写到这个位置的笔记过一遍，这样能使你的所有收获前后联系起来，而且这样做会使你对笔记本里的东西特别熟，无论什么时候用到都能想起来。

其实对于数学这种对背诵量要求不是很高的科目，只要做到第三点，你的笔记就会很有用。相当于复习时时刻刻都在发生，写过的知识自然就不会轻易忘掉，即使不能完全想起来，也能找到它在笔记本上的位置，然后再看一遍进行巩固。

筛选记忆背得又快又牢

有的人背东西陷入了一个很大的误区，就是每次都从头开始背。

这一点大家应该都不陌生，比如背英语单词，每次都从第一个开始背，没有背完，下次还是从第一个开始背，于是第一个单词记得特别熟，后面的却没记住。

很多人会说，我也不是没花时间背，但是背了就忘，或者已经看过很多遍了，脑子里也没什么印象，觉得书上的东西进不到脑子里，这该怎么办呢？ 其实一个很重要的原因就是没有重点，虽然看了好多次、背了好多次，但是每次看的时候感觉都会，又感觉都不会。

马马虎虎过一遍，也不知道这一遍到底有什么收获，可能每背完一次后原来就已经掌握的部分还是掌握着，原来不熟的还是不熟。复习的时候，大家看课本、背课本上的知识，时间也花了，但是掌握的知识量止步不前，我自己也是这么过来的。曾经我也习惯每次复习、背东西都从头开始背，但是效果并不好。后来，我通过一个小习惯的改变，彻底改变了这一局面。

这个习惯就是筛选记忆。无论是背英语单词还是其他科的知识点，第一次背的时候可以从头开始背。如果没有背完，一定做个标记，下次直接从上次没背到的地方开始背，不要再从头开始了；如果背完了，就可以拿张小纸片检测一下自己的掌握情况，以背英语单词为例，拿小纸片盖着，看自己能不能说出来英语单词的读音和拼写。第一遍背肯定会有一些比较难掌握的单词没记住，如果自己说不出来，一定要对这个单词做个标记，比如画横线，这样把每个单词过一遍之后，一方面对单词的印象加深了，另一方面下次再背的时候就可以直接背那几个自己不熟的了，节省好多时间。也可以再用小纸片遮住汉语翻译，检测一下自己看见英文单词能不能认出来它是什么意思，然后按照同样的方法做标记。如果没有这一步，一方面浪费时间，另一方面是你不认识的单词还是不认识，没有效果。

这个方法适用于任何一科所有需要记的东西，尤其是零碎的知识点，比如数学公式、概念、定理等，可能一节课下来有的部分你理解了，有的部分没理解，有的公式会用了，有的还没记住，那就需要筛选一下，下次重点复习你薄弱的部分。前面我们讲过，笔记很重要的作用就是应对遗忘，所以要及时回顾，这个方法就是在教大家怎么回顾。根据艾宾浩斯遗忘曲线，第二天是最佳的复习时机，因为第二天会忘掉很多，只要养成这个习惯，所有学过的东西都会记得更牢固。

我通常会给班里同学留下一个记忆力非常好的印象，大家总以为我天生过目不忘，记东西又快又不会忘，关键是做题的时候还能灵活运用，而且后面学的新知识还能和之前学过的东西联系起来。其实这些都不是天生的，正如上一节所说，我之所以记东西很牢固是因为我经常复习回顾，而且回顾的时候很有针对性，所以花不了多少时间就能取得很好的效果，长期积累下来，知识也会更加融会贯通，自然能发现知识之间的内部联系，再加上运用前面给大家讲的做题后的处理方法，习惯后就能做到灵活运用所学的知识。

我们所说的不是一次性的记忆，不是速记，学习讲究的是细水长流，一次记住了，到期末的时候还是会忘。我们需要做的就是，在整个学习过程中通过不断的筛选，筛选出自己知识最薄弱的地方，然后对最薄弱的地方复习更多的次数，把它记得更牢，而不是每次都从头开始背，以至于永远是前面的知识记得最熟，后面的像没见过一样。比如，很多中学生背 3500 个词，3500 个词是按照字母顺序排序的，第一个词是 abandon，所以很多人每次都从 abandon 开始背，背不了几个就不想背了，下次还从 abandon 开始背，最后就 abandon 记得最熟，后面的单词没什么印象。

右图是我的英语

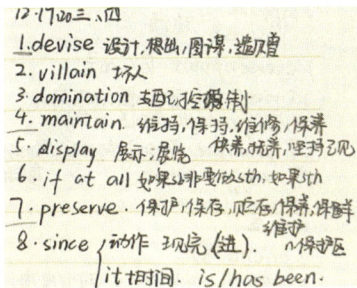

● 图12

笔记本，我当时还标了个日期，我在某一年的 12 月
17 日背的这块内容，这些应该是当时我做题的时候遇
到的不熟的单词和容易出错的知识点。我把它们记下
来后，一般会在第二天早读的时间背，按照上文所说
的方法，背完后拿张纸盖着检测一下哪些没记熟，就
在序号下面画条小横线做标记。这个只是铅笔做的标
记，如果下次再复习时，这几个单词里还有我不熟的，
我可能就会升级成红笔标记了。

　　记忆的诀窍就掌握在大家自己手中，学习拼的不
是你当下记住了多少、学会了多少，而是到最后你脑
子里还剩多少，在最终大考之前脑子里能带多少知识
进考场。筛选记忆法就是帮大家提高效率，让大家在
同样的时间里熟练掌握更多知识的重要方法。

日常妙用，秒变工具书

好的笔记不应该是记完就不再看的摆设，而是应该成为我们的工具书。

其实学习上真正有效的并非五花八门的"大招"，而是点点滴滴的小习惯，日常的学习习惯保持良好的话，整个学习过程都会变轻松，效果也会变好。就比如本节我们要讲的，如何让笔记本变成实用性的工具书，只要按照前面部分所讲的方法养成了良好的习惯，那么这个效果的实现就是自然而然的过程。

听老师讲新知识时在笔记本上记录，相当于在给我们的"知识大厦"打地基；每次做完题后都按照本书所讲的方法在笔记本上记录收获，就相当于在地基的基础上筑墙；每次做题遇到不熟悉的知识点就可以去笔记本里找，找到后进行标注，然后把没有的补充上去，就是在给我们的"知识大厦"添砖加瓦。这样一来，笔记本里有用的内容就会越来越多，笔记本的含金量就越来越高。翻笔记本找知识点的次数多了，我们对笔记本以及里面所记录的知识就会越来越熟悉，形成良性循环。

另外，找笔记中知识点的过程也是复习其他知识点的过程。比如我的英语笔记本，里面记录的知识点非常多，大家也知道英语知识点通常比较零碎，我做题的时候会遇到一些关于短语、语法的知识点，有的我觉得有印象但不太熟，做完题后我就会翻我的笔记本，把它们找出来，然后进行标记。理论上说，去笔记本里找不如直接查语法书或者词典更快，实际上在翻笔记本的时候，肯定会看到其他知识点，看一遍就相当于加深了一遍印象，尤其是像英语里零碎的小知识点，背了容易忘，多看几遍总有好处。这个习惯看似很小很不起眼，就是在这个过程中，我几乎记住了整整一个厚笔记本里的全部内容，以至于每次再遇到似曾相识的短语或者语法知识时，我都能想起来它在我的笔记本上的位置，以及它旁边是什么知识点。

遇到不熟悉的知识点，要去笔记本里找，找到后进行标注。在寻找的过程中，复习其他知识点，把笔记本当成工具书。在一遍遍回看笔记的过程中变熟悉，并不断地增添新知识，把新知识变成老"朋友"。

正是因为笔记本上记的都是最精华的东西，而且能不断更新、不断补充，并且容纳了我们所有的做题所得，所以它就有了工具书的作用。只要笔记做得好，我们学过的知识就不会被遗忘，做题得到的收获和经验就不会被漏掉，并且让学习的每一步都有迹可循。前提是，我们必须认真对待平时所做的练习，不要只注重对错而不重视收获，尤其是出现了错题要反推一下问题出在哪个知识点上，或者哪个题型上，然后去笔记本里找自己是否曾经记录过。如果有的话就做标记，没有的话就补充知识点或者记录新题型，下次就可以继续找，复习的时候就有抓手了，做题的作用也能落到实处。当然，一些文字比较多的科目，笔记直接记在课本上也可以，同样也需要在做题的过程中不断补充，不断完善。

　　还有一点就是，笔记本相对于课本来说可能更轻便。所以，我的笔记本就成了我的最佳复习资料和最好用的工具书，一个个小习惯的叠加使我的笔记本成了非常特别的存在。通过记笔记，我形成了一套自己的学习系统，在这个系统的支撑下，我学习的每一个环节都井然有序且非常高效。

考前这样用，
多考 20 分

如果有一个问题是，考试前复习什么最重要，我的答案肯定是笔记本。

很多同学习惯于在考试前盲目刷题，这个方法比较简单粗暴，却不一定有用。当然，如果能根据自己的薄弱点有针对性地练题进行突破，这样的刷题方式是有效的。刷题更侧重于解决自己原本没掌握的东西，这个功夫下在平时效果会更好。考前复习还有一个重要目的是防止我们遗忘之前学过的东西，而笔记本就可以成为同学们复习的抓手，很多学霸在大考前主要复习的都是自己的笔记本和错题本。

那么，笔记本里的内容到底应该如何复习呢？

首先，根据距离考试的天数进行整体规划，比如平均每天复习多少页、每天背几分钟等；或者按照题型来划分，每天复习一个题型，比如英语和语文的作文素材，我都是每天背五分钟，在这五分钟的时间内能记住多少算多少。**为什么一定要背五分钟呢？** 因为我之前总是把好的作文素材记在笔记本上，时间久了就会发现，虽然我积累了很多好的内容，但真正能记住的没有几句，很难在考场上用到。所以，我就思考怎么做才能让积累的素材真正被用上，最终我发现，只有背了才能用上。接着又有一个问题，那么多作文素材我根本背不完，而且，我有很多科目需要学，不可能在背作文素材这一件小事上花大把时间。最后，我发现最好的方式就是每天早读背五分钟。每当快要考试时我就开始背，后来逐渐形成了习惯。因为只有在限时的情况下，我们

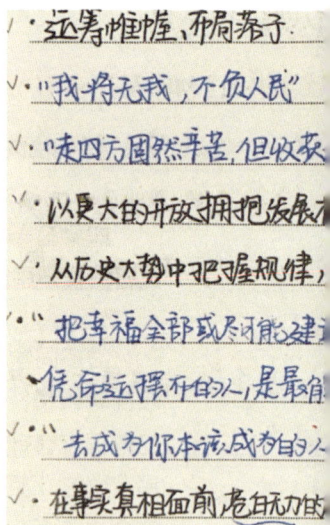

● 图13

的背书效率才会高，所以，我就会看着表给自己限制五分钟的时间，集中注意力去背诵。这么短的时间对我们来说并没有多少负担，效率高且容易坚持。

这是我的一些作文素材，我一般会一句句地背，每背完一句打一个对钩，这一列对钩就是我在五分钟时间内背的。第二天，我在背后面的内容之前会先把前一天背过的内容再过一遍，这样更容易记牢。

其他科目的内容也是如此。大家可以算一下距离考试还有几天，或者我们计划在考试前多少天开始复习，然后计算一下每天要复习多少内容。同样的方法也适用于复习课本内容，比如高中政治、历史或地理课本等。这个方法看似简单，用起来还是有很大效果的。很多人在复习的过程中是没有规划的，像无头苍蝇一样乱撞，或者没有提前背的意识，临近考试几天才开始背。这样一方面背不完，另一方面背不熟，而且要花很多时间。之前我也是这样，后来我发现，如果我从距离大考一个月的时候开始规划，那么我每天只需要复习一节的内容或者更少，其实占用不了多少时间，不知不觉我就复习完了。

我们考前做这样的规划，也会让我们对自己的复习过程更有掌控感，有自己的节奏就会心里有数，遇到考试就不会那么慌。很多时候我们遇到考试就慌，其实是因为没有做好规划，不知道如何准备，或者准备得不充分。其实规划也不需要特别细致，不需要把每天每个时间段干什么都提前定好，因为不可控的因素还是比较多的，所以我只会计划好每天要复习哪些内容。至于具体什么时间来复习，这个就比较灵活了，主要看我的心情和一天的课程表、任务情况等。

临近考试的时候，笔记本是最有用的，尤其是当你按照本书前文所说的方法去做的笔记。如果时间充足，就去看笔记中每一节的重点内容，看具体的解题记录；如果时间紧张，直接看红色字体的内容；如果时间非常紧张，只看蓝色字体的内容就很有用。因为红色和蓝色字体都是我们个性化的经验，在考试前看一遍就能马上用上。这些红色和蓝色字体的内容提醒我们哪些地方出过错，哪些内容容易错，哪些题目用到了哪些解题技巧。这些内容是我们当时用心总结记录的，只要看一遍，相关回忆就会浮现出来，而这些都能直接帮助我们在考试时多拿分。

我们平时在做笔记时，就是在"耕耘"；考前复习笔记本，就是在"收获"。它能让我们更加胸有成竹地面对一切考试，在考试中超常发挥，取得尽可能高的分数。好的笔记是直接能帮助大家在考试中得分的。当大家在考试中遇到一些题目，发现是自己曾在笔记本上做过记录或者在笔记本上复习过的；遇到一些知识点，发现是之前出过错并且有过标注的，这个时候大家就会体会到之前做的笔记是多么有用。

放大效果的
一个关键原则

其实记笔记只有一个关键原则，就是什么对自己有用记什么，怎么记有用就怎么记。

记笔记是为了对已经学过的内容做到心中有数，以及记录做题和考试过程中的关键点。所以，我们不用在意笔记数量的多少，也不用在意笔记做得是否工整漂亮，重要的是，是否真正对自己有用。

我的笔记就记得很随意，我不会追求多记几页或者多记几本，相反，我是"能挤就挤"，能记在一页里就记在一页里，这样我看的时候就不用翻页。每一页记的内容多了，就能把更多的内容挤在一个本子上，这样既节省我课桌的空间，又便于携带，无论去哪里只要带一个笔记本就行了。此外，我不会追求买多贵的笔记本，只要质量好能禁得住用就行，虽然我确实用破了一本活页的英语笔记本。那个笔记本我反复翻看了好多遍，甚至将一整本的内容都记住了，因此我的英语才能在高一就考到 **140** 分以上。我不喜欢用虽然做了分类但是占用很大空间的笔记本，因为它给我一种负担感，我拿都不想拿出来，更别说反复看了，不如直接在普通笔记本上贴小标签进行分类。而且我不会追求页面多么整洁、字体多么好看，只要自己能看懂就可以，语言上也是能精简就精简，节省花在抄写上的时间。

另外，我的笔记本和错题本其实也没有严格的界限，在我眼里它们统一都是"记录收获的本子"，因为记笔记也是不断归类总结、寻找各种题型的思路的一个过程，而记录错题的目的也是学会解题，所以它们在本质上是一样的。无论是笔记本还是错题本，我很少会把一道完整的题目抄上去，除非是一些确实重要的题目，我习惯于直接记通过某道题得到的收获，哪怕就一句话也行。

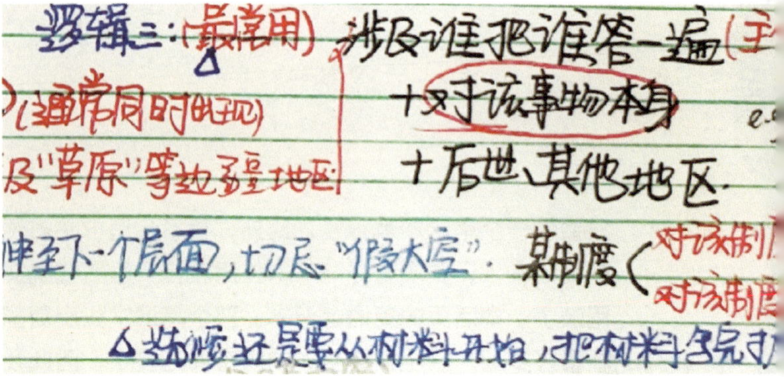

● 图14

比如我的这一小块笔记，直观感受就是密密麻麻、杂乱无章，这也是我的历史笔记的一角。我在最开始记笔记的时候，用的是黑色字体，涉及历史方面的题目，我记笔记的思路就是"涉及谁把谁答一遍"，然后加上对该事物本身的作用，对后世的影响，等等。后来，当我做一道考某制度意义的题目时，就用红色字体写我根据答案总结的内容。再后来我可能又做了一道题，它还是这种题型，考的是罪犯流配制度，答案里有一条是"有利于维护中国的司法主权"，我就找到原来我做的关于制度意义题目的解题思路的笔记，对这个思路进行补充。而蓝色部分字迹"选修还是要从材料开始，把材料写完扩散"可能就是我做完题目后更宏观一点的体会。

我的原则是一定要"落叶归根"，对于我曾做过

110

的不太会的题，我一定要找到它的源头在哪里，这个源头包括它考查的知识点和它的题型分析思路两种。无论是在笔记本上还是在课本上，我都会补充在旁边，这样我的知识体系才能更系统。

我是一个实用主义者，这一页可能就是高中历史老师讲到特点类题目的思路时，我手边正好有一张英语纸，我就随手记了上去，后来又通过做题不断补充，因此这张纸就越来越有价值。如果把这些内容抄在历史笔记本上会太费时间，所以我就把所有内容都保留在这张纸上，把它夹在历史笔记本里。我从来不是一个形式主义者，在我看来，记笔记的速度和数量都不重要，质量高、对自己有用才是最重要的。

我们讨论的是做笔记，其实又不只是做笔记。整个学习过程中，大家做的事如果都能以"有用"为原则、以目的为导向，思考做这件事情是为了什么的话，学习效果就会显著提升。当然，我们所说的"有用"指的是对提高学习效果有用，比如对掌握哪一个学科的哪一个知识点、哪一个题型有用。很多人觉得自己每天忙忙碌碌的，但是很迷茫，不知道自己在干什么，也不知道自己该干什么，原因就是自己的学习是被动的，缺乏思考，不懂得识别自己已经掌握的和未掌握的知识，不懂得提升成绩的底层逻辑，不知道从自身问题入手，细化问题、解决问题。

　　所以，我们做笔记不是为了单纯地做笔记，而是让笔记贯穿整个学习环节。懂得了如何做笔记，其实也就懂得了如何学习。

第五章

语文笔记怎么做

Part · 05

记什么：
两大内容缺一不可

前面几章讲的是记笔记和用笔记的普适性方法，每一学科都可以按照前面所讲的方法来做笔记。为了让大家知道具体学科的笔记该怎么做，从本章开始，我们将以语文、数学、英语这三大基础学科为例，教会大家做笔记的具体方法。

上语文课的时候，老师带着大家讲解课本里的一篇篇课文，我们在记笔记的时候不需要把课文抄下来，只需要把老师对课文的讲解与分析记在课本原文旁边。**那么，我们还需要专门准备语文笔记本吗？** 需要。毕竟考试不会直接考课文原文。初中的古诗文板块可能会考课本里的古诗，到了高中，古诗和文言文考的都是课外的，所以学语文除了读懂课文之外，我们还有很多事情要做，比如字词、成语、修改病句、标点符号用法等各种零碎知识的积累，以及对各类题目解题思路的揣摩。

语文这一学科需要记在笔记本上的内容主要分为两大类：一是零碎知识积累，二是解题经验记录。我在高中学语文时，会准备四个笔记本：一个作文素材积累本，一个文言文知识积累本，一个记录各种零碎知识的本和一个记录解题经验的本。有时，我也会把零碎知识和解题经验记在同一个本上。总之，语文需要记的一方面是基础知识，一方面是解题经验。

零碎知识积累包括语文里的各种基础知识，不同学段都有要求掌握的基础知识，比如字词的读音与写法、成语的意思与用法、病句的修改、标点符号的用法、古诗词的积累等等。因为这些知识比较细碎，容易遗忘，所以记在笔记本上进行归纳汇总就可以形成自己的知识库。毕竟把基础知识掌握扎实是学好任何一门学科的前提，语文也是这样。

　　无论哪一门学科，学得好与坏，评判标准都是能否在考试中拿高分，所以每个学科都离不开做题。相信大家在日常的语文学习中也没少做题，包括做练习册、辅导书、试卷等。语文考试要想得高分，需要把每个题型都掌握好，所以分题型记录解题经验对语文学习来说很有用。

　　这是我语文笔记本的　个小片段，它记录的既有零碎的基础知识，也有解题经验。比如最上面的部分是我做了一道考查书面语的题目，题目里说书面语要把"稿子"改成"稿件"，我就记了下来。后面的是各种类型的阅读理解题目里的内容。这些可以看作解题经验。

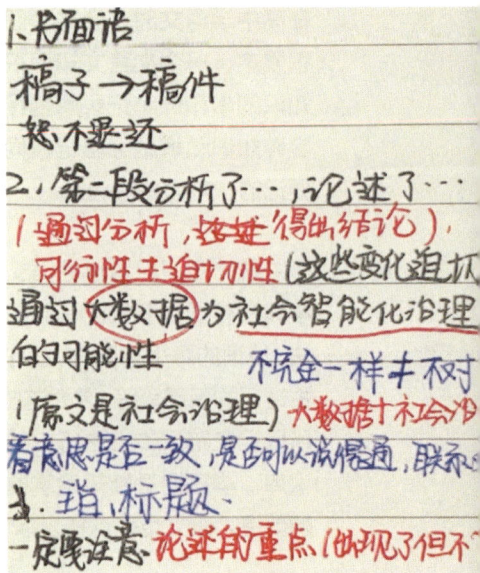

● 图15

这一节主要是帮助大家对语文笔记需要记什么、不需要记什么形成一个整体认知，后面会对语文笔记具体应该如何记进行细致讲解。

增加阅读量，
读什么最有用？

"要想把语文学好，关键是增加阅读量。"你一定听过类似的观点，但这一观点有三个漏洞：一是增加阅读量并不能直接帮助大家提高语文成绩；二是增加的阅读量如果与语文学习无关，也没有什么用；三是作为时间安排比较紧张的学生，花大量时间进行阅读是不切实际的。**那么，怎样才能做到大量阅读呢？**

人们常说，书分为"有用之书"和"无用之书"，对于语文这一学科来说，阅读也分有用的和无用的。有用的部分又分为两种类型，一种是提升语文素养的阅读，另一种是切实能提高语文成绩的阅读。我相信大部分同学迫于现实压力，可能更关心对提高语文成绩有用的阅读。

其实，单纯的阅读对短时间内提高语文成绩的作用非常有限，但是阅读的意义本来就不应该局限在提高语文成绩上。读好书、好的文章影响的是人的心灵，它能够丰富人的灵魂，塑造人的思维，甚至能够改变人的一生。所以，如果用能不能提高语文成绩来衡量阅读这件事，未免太过狭隘。

如果一个人已经形成了阅读的习惯，读了很多书，那么他的语文成绩一定不会差，因为他的语文素养已经在潜移默化中提升到了很高的水平。这是一个长期积累的过程。如果一个人现在语文成绩不好，他迫切想要提高语文成绩，那阅读就不是最佳选项了，因为阅读对于语文成绩的提升显现得比较慢，需要时间，而大部分学生又没有那么多时间分给阅读。

如果想要通过短时间阅读来提升语文成绩，我建议大家多去读报纸，它对想提高语文成绩的高中生有一定的效果，因为高中语文考试所选用的论述性文本和实用类文本很多都来自《光明日报》《中国青年报》等报纸。如果大家平时多读的话，至少在试卷上看到类似的文章时不会觉得陌生和慌乱。

　　阅读习惯在越小时养成越好，如果从小就养成了爱读书的习惯，那么基本上就不用太担心语文成绩了。如果你目前的阅读量不够，又想要提高语文成绩，我建议你可以通过主攻题型突破来提高。在主攻题型突破的同时，将阅读作为一种放松方式，适量阅读即可。至于读什么，相信语文课本里推荐的名著已经能够满足大家的需求了。

怎么记：
五个要点全部涵盖

上一节提到可以通过题型突破的方式来提高语文成绩，但是只刷题也不行，依旧需要有基础知识的积累，所以本章第一节就提到零碎的基础知识是做语文笔记时需要记录的第一大类。

题型突破不等于刷特别多的题，语文和英语一样，做太多的题反而效果不好，学好这两门学科的底层逻辑都是在掌握足够的基础知识的前提下感悟出解题技巧。大家可能会想，每一科不都应该这么学吗？语文、英语这种语言类学科和数学这种学科的区别就在于，它们的基础知识非常广泛而没有边界，但又非常重要。数学考的基础知识一定是有范围的，题型虽然复杂多

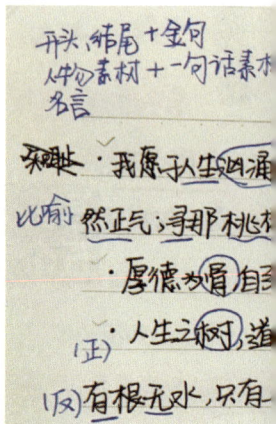

变，但是背后考查的知识基本是以课本为基础的，而且更多考查的是对基础知识的各种演变与灵活运用，无论题型怎么多变，至少我们知道用什么公式定理来解。但是语文和英语这两门学科的每个题型在考什么知识，而难说，所以需要广泛积累。没有对基础知识的积累与掌握，刷的题就像是空中楼阁。

那么，如何感悟出解题技巧？"悟"这个词虽然很玄乎，但是如果想要悟出东西，是有方法可循的，做笔记就是很好的方式。除了直接记录零碎知识外，解题经验部分当然是分题型来记。以下是语文笔记的五个要点。

第一是作文，我们需要日常积累作文素材。比如议论文的作文素材可以分为金句、名人名言、具体事例和精彩段落等，记叙文的作文素材又有所不同，大家可以自行体会。前面我提到过，只把作文素材抄下来用处不是很大，我们可以对作文素材进行拆解分析。比如，一个句子为什么写得那么好，它包含什么样的

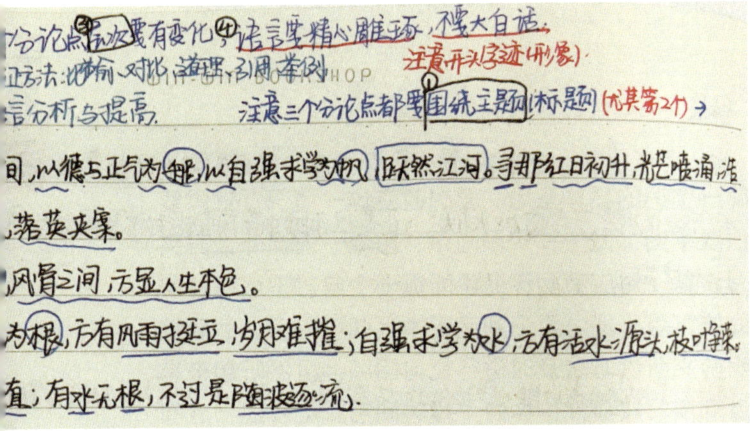

● 图16

逻辑，用了什么句式、什么结构，用了什么修辞手法、论证方法等，我们都要学会拆解。

比如这一页，我记的时候就会圈画一下用得比较好的词，然后按照前文所说的方式用三色笔记录一下我的所想所得。

第二是文言文，由于高中考查的题型更为全面，所以我以高中的题型为分类标准来讲解，能够涵盖所有内容。高中考查课外文言文，对文言文的词汇量和文化常识有一定的要求。文言文和英语类似，某种意义上都算是一种与现代汉语不同的语言，如果你看不懂文言文，本质上还是因为不知道里面大部分字词的具体意思。要想改变这一情况，就需要积累字词。做法其实很简单，每做一篇课外文言文阅读题，对应着翻译把里面每一个自己不认识的字词的意思弄懂，再记到笔记本上就可以了，然后按照前文所讲方法及时进行复习回顾。虽然听起来有点麻烦，只要你这样做一段时间后就会发现，后面再遇到文言文也难不倒你了。

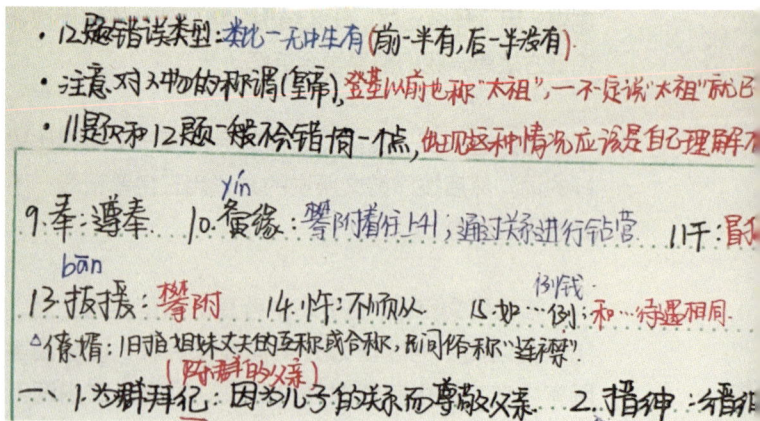

- 12题错误类型：类比-无中生有(前-半有,后-半没有)
- 注意对人物的称调(尊称)：登基以前也称"太祖",一不足说"太祖"就已…
- 11题和12题一般不会错得一点，但出现这种情况应该是自己理解不…

9.奉：遵奉 10.夤缘(yín)：攀附权贵上升，通过关系进行钻营 11.干：冒犯…
13.扳援(bān)：攀附 14.忤：不顺从 15.如…例(例钱)：和…待遇相同
△僚婿：旧指姐妹丈夫的互称或合称，同俗作"连襟"
一、1.为辫拜亿：因为儿子的关系而尊敬父亲 2.搢绅：…

● 图17

这一页是我的文言文模块的笔记，上面部分是一些解题经验记录，下面部分是字词的积累。

第三是古诗题，可以积累字词的翻译、意象的含义、典型诗句的理解、情感的解读等，总之做了一道古诗题后，你的收获是什么就记什么。

第四是阅读，第五是语言文字的基础运用。其实，所有题型的处理方式都是类似的，**想想自己为什么没答到点子上，自己哪几点没答上，答案是怎么来的，通过这道题，自己收获了什么知识，得到了什么经验或教训，**记下来就可以。

你还可以使用小标签对语文笔记本进行分类。分类的时候，根据个人实际情况可以粗略也可以细致，比如，你可以将阅读分为论述类文本阅读、文学类文本阅读（文学类阅读还可以分为小说和散文以及其他）、实用类文本阅读、古诗文阅读、文言文阅读等，然后每次做到哪类题，就把相应的收获记在哪个分类下面，依次往下记录。这样，每次就可以把围绕一个题型记录的所有东西联系起来看，积累多了，你就会对这一题型的解题思路有所感悟。

怎么用：
语文笔记的高阶用法

其实也谈不上"高阶"，语文笔记的用法和前面所讲的笔记用法是相通的，之所以说它"高阶"是因为如果大家能学会本书所讲的记笔记和用笔记的方法，那么你的语文笔记本就会非常实用，你用笔记本的方式和别人比起来也就更"高阶"。

语文笔记的用法很简单：

早读要背，早读的时候是背语文笔记很好的时机，背的时候注意使用筛选记忆法。

平时要找，平时在做题和考试后及时进行反馈和记录，找到相应知识点在旁边进行标记和补充，总结答题经验和技巧，思考解题思路。

　　考前复习，考试前借助语文笔记本进行复习，可以根据自己这段时间积累的零碎基础知识做好规划，比如打算平均每天复习多少，每天背多少个成语、背多长时间作文素材等。语文的解题经验记录一般不会有太多，考试前把自己记录的每个题型的经验、教训和收获再拿出来看一看，有助于在考场上得高分。

　　总而言之，好的语文笔记一定是大家语文学习的加分项。

第六章

Part · 06

数学笔记

怎么做

记什么：
四大部分最关键

数学和语文有很大不同，课本上的内容比较基础，需要大量地刷题，所以做数学笔记就显得很重要。

数学需要记的内容主要分为四大类：

一是每节课的概念、定义、公式、定理等，这些内容是数学学习的基础，一定要理解准确并且记清楚，否则做题的时候就没有思路，即使给出了答案也不知道为什么。比如，有一名高三学生问了我一道高考真题中的立体几何题，我在给他讲解的时候发现，他连立体几何里最基本的定理，比如线面垂直或平行的判定与证明定理、面面平行或垂直的判定与证明定理等都没掌握，做题的时候自然无从下手。面对复杂多变的题型找不到解题思路可以理解，但是基本的定理还没有掌握就有点说不过去了。

虽然很多人都知道高考真题非常重要，需要反复做、反复研究，但我认为，学数学首先要做的就是将概念、公式、定理这些东西掌握扎实。很多人在学数学的时候对这些东西不以为意，做简单的题目时还能马马虎虎应付过去，遇到难题就根本不知道怎么解答了。

二是对概念、定义、公式、定理的引申，比如老师讲的二级结论、公式演变等，这些内容非常关键，上课的时候一定要认真听，避免做题需要用到的时候自己不知道。基础不扎实，数学很难学好，但是只掌握基础知识还不够，知道公式定理如何演变、如何应用非常重要，掌握合适的二级结论可以把复杂的题变简单，显著提升做题速度。

下图中的内容就是高中三角函数的一些公式和二级结论。

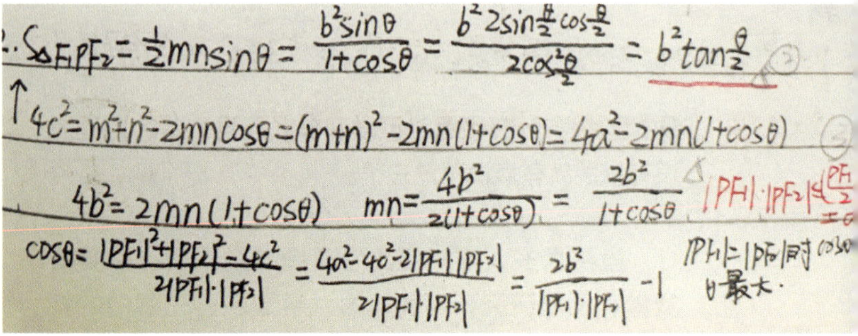

$$S_{\triangle F_1PF_2} = \frac{1}{2}mn\sin\theta = \frac{b^2\sin\theta}{1+\cos\theta} = \frac{b^2 \cdot 2\sin\frac{\theta}{2}\cos\frac{\theta}{2}}{2\cos^2\frac{\theta}{2}} = b^2\tan\frac{\theta}{2}$$

$$4c^2 = m^2 + n^2 - 2mn\cos\theta = (m+n)^2 - 2mn(1+\cos\theta) = 4a^2 - 2mn(1+\cos\theta)$$

$$4b^2 = 2mn(1+\cos\theta) \qquad mn = \frac{4b^2}{2(1+\cos\theta)} = \frac{2b^2}{1+\cos\theta} \qquad |PF_1|\cdot|PF_2|\leq \frac{|PF_1|+|PF_2|}{2}$$

$$\cos\theta = \frac{|PF_1|^2 + |PF_2|^2 - 4c^2}{2|PF_1|\cdot|PF_2|} = \frac{4a^2 - 4c^2 - 2|PF_1||PF_2|}{2|PF_1||PF_2|} = \frac{2b^2}{|PF_1|\cdot|PF_2|} - 1 \qquad |PF_1| = |PF_2|时\cos\theta$$ 最大.

● 图18

　　三是典型例题。老师讲课时一般会在讲完一个新的公式、定理后给大家出一些例题，帮助大家学会应用。有时老师给出的例题是非常典型的，能够代表一类题，所以有必要把例题也记一下。如果老师讲的例题你已经完全学会了，就不需要记；如果是你不会、不熟练或者所用的方法不如老师讲的简单的，那就很有必要记下来，然后做题前回顾一下，对做题就能够产生启发。

　　四是易错点和注意事项。我的数学笔记本和错题本其实没有严格区分，记的都是做题得到的收获。我们在做数学题时经常会犯一些"低级错误"，这样的失分我们就会觉得非常可惜，因为这并不是我们不会，只是一时疏忽做错了。这些低级错误我会专门记录下来，考试之前看一看，提醒自己，这样后面犯的"低级错误"会变少。比如下页图上的内容，我就是因为犯了"把象限区分错了，把基础加减法算错了，解方程的时候把数字丢了"这样的低级错误，最后导致题目答错。

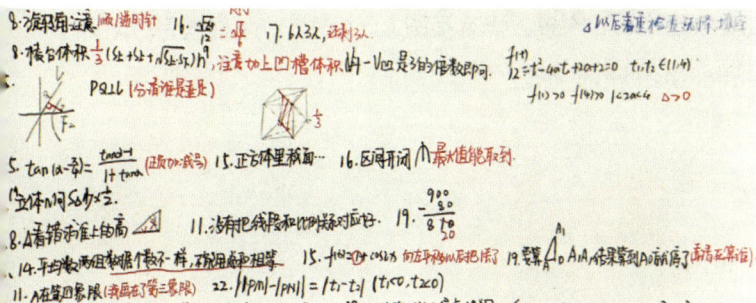

● 图19

当然，除了这些简单的易错点，更重要的是记自己还不会做的题目的解法。自己从做题中得到的启发，会让自己在下次遇到同类题时知道该怎么做。

比如图20里的第一行，是我刚学解析几何的时候，

3. 椭圆 不是函数 (一个x对应2个y)

4. 求离心率: $8c^2 - 14ac + 5a^2 = 0$

同除a^2 $8(\frac{c}{a})^2 - 14\cdot\frac{c}{a} + 5 = 0$ $\frac{c}{a} = \frac{1}{2}$

5. 动圆M对定点A(-3,0), 并且在定圆B: $(x-3)^2 + y^2 = 64$ 内部与其相切, 求

动圆圆心M的轨迹方程. $|MA| + |MB| = |MC| + |MB| = 8$

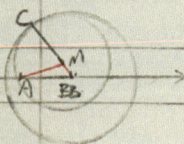

$2a = 8$ $2c = 6$ $b = \sqrt{7}$

$$\frac{x^2}{16} + \frac{y^2}{7} = 1$$

● 图20

134

没有意识到椭圆不是函数，因此做错了题，于是我就把这句话记下来提醒自己。第二行是求离心率的一个简单做法，我做题的时候没想到，做完题后就把它记在了笔记本上。下一个是求轨迹方程的题，我当时还不会做，于是就把它记了下来。值得注意的是，我一般不会完整地抄一道题，而是把自己最核心的收获提取出来写在笔记本上，写解法的时候也写得很简洁，只要思路清晰、自己能看懂就可以。

以上四点内容对于数学学习非常重要，把它们记在笔记本上的目的不是加深印象，而是为了进行梳理汇总，学完后能及时回顾补充，这样才能把数学知识和题目解法融会贯通。

怎么记：
巧用四大记法事半功倍

数学笔记怎么记和记什么这两个问题其实没有严格的区分，上一节虽然在讲"记什么"，但是也包含了"怎么记"的内容。这一节侧重于做数学笔记时的一些小技巧，也就是前面讲过的通用内容：有所选择、善用缩写、及时标记、巧妙用笔。

把上一节的三张图片放到一起看就会发现，我的数学笔记是贯穿前面提到的几个原则的。

首先是有所选择，上课时我们不需要把老师讲的内容全部记下来，做完题也不需要把每一道错题全部完整地抄到笔记本或错题本上，而是提炼出最核心的收获记下来即可。可以只记一句话，看到那句话，你就能想起当时做错的那道题。

第二是善用缩写，比如"三角形的面积"我直接用"S"和三角形符号来表示。记住，能用简单符号表示的就不用汉字，能用几个词写清楚的就不用写完整的一句话。当然，考试的时候要写完整写清楚，记笔记的时候越简练越节省时间，而且自己也能更清晰地看到重点。

三是及时标记，如果上课老师讲得太快自己没跟上，先做标记，课下再补充。

四是巧妙用笔，使用三色笔是我记所有笔记的一致原则，重点突出，层次分明，这样记录和接受知识的效率都会很高。

大家也可以根据自己的实际情况摸索独属于自己的高效记笔记的技巧和习惯。

怎么用：
三种方法提升笔记利用效率

数学笔记的用法和语文有所不同，我主要将其总结为三个要点：理解记忆、反复攻克和同类归纳。

前面我们所说的公式、定理、结论性的东西需要在理解的基础上记清楚。

一些难度比较大的题，我们做一遍可能消化不了，还需要做个标记，第二天再做一遍，也就是反复攻克。这个逻辑和筛选记忆法其实是一致的，背一次解决不了的问题就再背一次，所以，做一次不能完全弄懂的题就再做一次。值得注意的是，做第二次的时候一定要把答案盖住，从头到尾独立思考。

　　同类归纳是所有科目笔记的共性，我们之所以分类就是为了把问题细化，逐个击破。首先，我们需要把平时遇到的同类问题归纳到一起，联系起来看才能发现规律。然后，通过做题不断在笔记本上补充新的考法或题型，按照同样的方法总结归纳，举一反三。

　　数学需要大量做题，但是一定不要盲目刷题。做题追求的不是数量，而是收获，一定不能走马观花，而要将做过的题彻底弄懂并追根溯源。如果发现它包含了自己之前没有掌握清楚的知识点，就一定要翻课本或者笔记本把它弄清楚，并在旁边进行标注。

　　很多时候，我们花半个小时完全弄懂一个知识点或者一道题，比花两个小时做一套卷子的效果要好。因为这个知识点你从前不懂，一旦它在题目里出现，你就会做错。如果做错后没有对这个题目进行追根溯源，搞懂它的本质，下次做题还会继续做错，时间就白白浪费掉了。如果花两个小时做了一套卷子，里面的每道题都没有完全弄懂，用处也不大。反倒是半个小时弄懂一个知识点或者一道题，下次考试做对了，就能马上提高分数。不过，做题数量严重不足也不行，掌握了知识点或解题方法后也需要多做一些题才能熟练，所以不能极端化。

数学的题目看似非常多变，其实每一个知识板块的题目都是有规律可循的，有相当一部分题目是可以被归纳为固定题型来解决的，即使还有很少一部分题目比较新，考查形式比较灵活，也不要紧。如果你把固定题型都弄懂了，那么你掌握的知识和思维就足以应对新一点的题目。无论是小学、初中，还是高中，每个阶段的数学考试都是有对应的考查范围的。即使是高考，也不是想考哪儿就考哪儿，它考查的内容都是在高中范围内的，你用高中所学知识一定能解出来。即使有些人为了炫技，说高考压轴题用大学的知识直接就能解出答案，但这是完全没有必要的，而且这样做也没有过程分。

所以，大家不要把数学学习想象得特别复杂，只要一步一个脚印地去做笔记，学好是不难的。

第七章

Part · 07

英语笔记

怎么做

学英语的两种途径：知识积累与文化熏陶

我上高中时发现班里有这样一名同学，她平时好像也没在学英语上花特别多的工夫，但是英语成绩很好，而且口语也很流利，听力也很好。后来我才知道，原来是因为她喜欢听英文歌，追泰勒·斯威夫特，喜欢看美剧，长期接受英语文化的熏陶。

而我在村里长大，初中在乡里读书，周围没有人看美剧，我小时候完全没有接触过美剧，也没怎么听英文歌，错失了接受这种文化熏陶的机会。但是我的英语成绩也很好，因为我主要靠的是另一种学习方式：知识积累。

接触美剧多的人，可能长期沉浸在听别人说英文的环境中，不知不觉就养成了英语的"语感"，认识了很多英语单词，听力和口语自然也会很好。我上大学后才知道，原来有些家庭是可以从小就给孩子请外教或者让孩子交外国朋友的，但并不是所有人都有这样的机会，学校里更多的是普通家庭的普通孩子。如果大家跟我一样，从小没有那么好的学英语的条件，从初中才开始学英语，而且没怎么接受过英语文化熏陶，也不用担心，做好英语笔记同样可以让你的英语成绩大幅提高。

我初中刚入学时英语基础很差，我就积极积累单词和短语，学语法和句式，该练题的时候练题，按照老师安排的正常的学习节奏来，把每一步都做好，顺便通过请教同学的方式自学了音标，积累了大量的英语基础知识，这样下来效果也是不错的。初中三年，我的英语成绩都接近满分，高中英语考试除了作文之外，别的地方不扣分，或者偶尔扣一两分。

从实用性的角度出发，大家现阶段的目的肯定是提高自己的考试成绩，那么看美剧、听英文歌就无法在短时间内达到理想的效果，需要长时间看才会有效果。背单词、学语法、做练习题，学到的知识都是考试会考的，而且短期内就能掌握，掌握了就能看到分数的提高，所以这种积累知识的方式见效更快。

记什么：
两大内容区别对待

　　我觉得英语笔记是所有科目里最好做的。因为这一学科的基础知识虽然多，但是不复杂。语文或许还分零碎的知识点和解题经验记录，英语几乎全是零碎的知识点。只要词汇量足够就能看懂文章，只要能看懂文章阅读理解题就会做，如果文章能看懂但阅读理解题还是不会做，那么，只需要在做题策略上进行一些调整就可以解决。只要语法知识、单词用法掌握好就能读懂各种长难句，英语试卷里考查基础知识的题目也能拿高分。所以英语的学习思路非常简单，就是不断积累知识。很多人会说还需要做很多题，做题的目的也是积累知识。

所以，英语笔记需要记的内容可分为两方面，一方面是课内知识点，另一方面是课外知识点。

首先说课内知识点。上课时，我们可以把知识点直接记在课文旁边，也可以在笔记本上再整理一下，重点是一定要背，利用第二天早读的时间把它们记住，就会做题了。

课外的知识点分为单词、短语、语法、句型和作文素材这几类，这些知识点的主要来源就是做题，一篇阅读理解题就可以让我们收获很多知识点，所以积累起来非常简单。英语题不像数学那样有比较复杂的逻辑结构，只要你把知识点掌握清楚了就能做对，所以对解题思路的要求很低。因此，我们不需要通过做很多题来达到熟练的程度，只需要尽可能多地掌握知识点，英语题自然就能做得很熟练。需要记的就是做过的题里，我们不认识的单词、不会的语法、文章里可供我们借鉴的用词和句式，将这些积累起来，我们在后面的做题过程中都能用到。

课内和课外的知识点也没有明确的界限，我们不需要做很大区分，可以把它们记在一起。比如，初一时在做英语题时遇到不认识的单词，做完后查了词典把它记到笔记本上，等到初二时那个单词就成为课本里的单词了，只是遇见的时间不一样而已。

怎么记：
四个方面由浅入深

　　本节主要从单词、语法、作文素材和各种题型的解题思路四个方面来教大家英语笔记具体怎么记。

　　首先是单词。老师上课讲单词的时候通常会讲它可以搭配什么短语和介词，也会讲一下相关的例句，这时候大家可以直接标在课本上的单词旁边。除了课内，课外我们也会遇到很多生词，主要是在做题的过程中遇到的。提升词汇量最好的方式不是从头到尾背单词书，而是把日常做题中出现的生词查一查记一记。因为题目里出现的生词会重

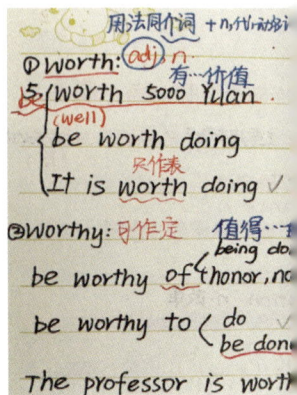

● 图21

复出现，这次把它记住了，下次再遇到就能用上。我通常会在平时做题的时候把文章里每一个我不认识的词都圈一下，等到做完题后查词典。如果时间充足会从头到尾查一下，然后将它们全部记住，这样我的词汇量就会越来越大。

第二是语法，短语和句型也包括在内。和单词一样，语法也有听讲和做题两种来源。做题时除了圈生词之外，我也会注意文章里的一些短语和句式。很多时候我们看不懂句子，除了单词的原因，就是语法。因为不知道从句的构造，分不清句子的主干和枝节，因此不知道怎么断句，怎么划分句子结构。

所以，当遇到题目里看不懂的地方，我们都可以去查单词和语法书，从中积累知识，积累得多了做英语题就会变简单。另外，大家在做题时会发现，有一部分题目就是在直接考查基础知识，比如高中的完形填空和改错题，这些题做错后就可以把涉及的语法知识查一下、记一下。

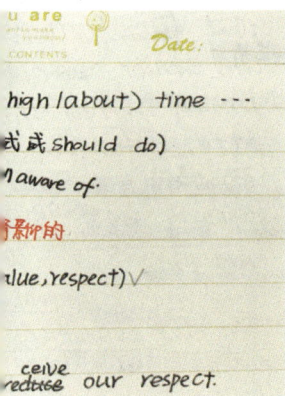

u are

CONTENTS

Date:

high (about) time ---

式或 should do)

n aware of.

有影仰的

due, respect) √

ceive

reduse our respect.

　　单词与语法的界限有时候也没有那么明显，比如这部分笔记，既是在记一个单词的用法和演变，也是在记语法知识。

　　第三是作文素材。我的作文素材也是通过做题积累的。做题时，我会顺便注意一下文章里有没有用得比较好的词语和句式，然后圈画一下做个标记，回头有时间就把它们积累到作文素材本上。这个方法既简单又好用，只要积累的作文素材足够多，写作文的时候根本不愁没有思路，也不愁写不够字数。我没有背过任何写英语作文的万能模板，只是平时会记一些比较亮眼的开头和结尾句式，这样我每次写作文时都文思泉涌，不用担心写不出东西。除了从题目里积累之外，每次做的英语试卷的答案一般都会提供作文范文。这些范文里也有很多值得我们学习的单词、短语和句式，值得记在笔记本上。

　　图22是我从试卷答案的范文里积

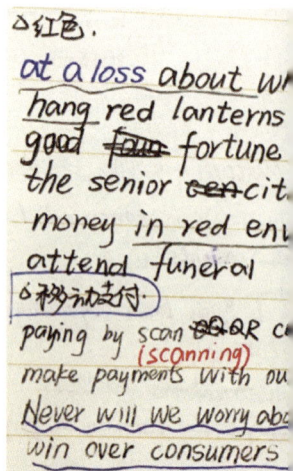

累的作文素材。

第四是各种题型的解题思路。这个板块的占比比较小，适用于能看懂题目却做错了的情况。当基础知识和词汇量积累得足够多时，影响我们英语成绩的就是解题思路了。方法很简单，在做错题后想一想正确答案的思路是什么，自己写的与正确答案的差别在哪里，自己为什么会这么想，是什么误导了自己，又是什么能引导出正确答案，把这些问题都思考过后，你就会有很大收获。如果你能做到每次都这么思考，自然而然就能训练自己的思维，找到解题思路。由于这部分所占篇幅通常

● 图22

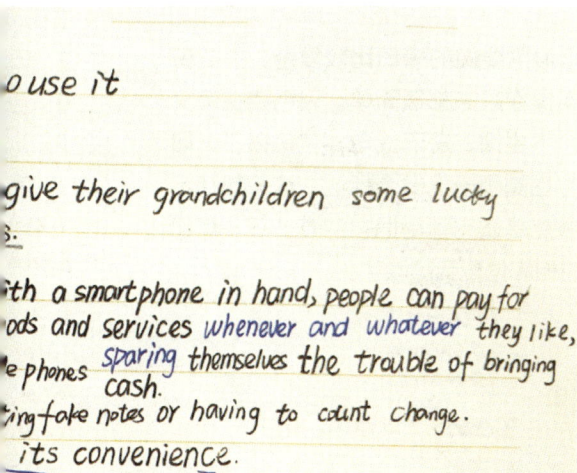

...o use it

...give their grandchildren some lucky
...

...th a smartphone in hand, people can pay for
...ods and services *whenever and whatever* they like,
...e phones *sparing* themselves the trouble of bringing
cash.
...ing fake notes or having to count change.
...its convenience.

比较少，所以我一般把它们写在笔记本页面的最上方。

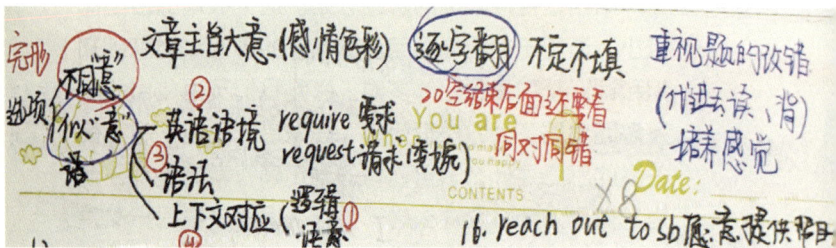

● 图23

　　这样一来，看似需要做的事情比较复杂，需要积累很多东西，其实操作起来都很简单。只需要在读文章的时候顺手圈一下生词、短语或句式就可以了。如果有看不懂的地方也圈画一下做个标记，这些都花不了几秒钟时间。重点是做完题后把它们查一下，再记录到自己笔记本的相应位置就可以了。

怎么用：
英语笔记的高阶用法

英语笔记的用法和语文笔记类似：早读要背，平时要找，考前复习。

平时我们下功夫记笔记了，就一定要把里面的内容记在大脑里，而不要仅限于把它们留在笔记本上。能够形成长期记忆，用在考场上才是我们的最终目的。所以，早读的时候，你可以把前一天记的笔记内容背一背，尤其是基础知识点，这个对英语来说尤其重要。还是要采用筛选记忆法，不断强化对自己不熟悉的知识点的记忆，少在自己已经掌握的知识点上花时间。

平时在做题的时候，你可能也遇到过这样的情况，遇到一个生词觉得它似曾相识，有点印象但又想不起来具体是什么。遇到这种情况，你在做完题后可以翻开英语笔记本去找，看自己是不是在哪里记过，找的过程其实也是复习英语笔记本的过程。在这个过程中，只要是你眼睛看到的地方，通过记忆，你就对它又加深了一遍印象。如果你发现这个生词你曾经记过，你就会很有成就感，就可以把新的拓展知识补充在它旁边或者再多圈画一次，这样就能形成更深的记忆。需要注意的是，最好在做完题后去找，不要在做题的过程中去翻找笔记本或者频繁查词典，那样会影响做题的连续性，增加你做题所需的时间。做完题后，没有任务的压力了，这时候再找就不会着急，不会慌乱。

　　考试前的复习也非常重要。英语不像语文，不同的英语作文话题之间可以用的素材跨度没有那么大。无论考到了什么话题，你在上考场前看到的作文素材里的句式或者单词短语在写作文时基本都能用上。所以，考前看笔记本里的作文素材非常有用。有一次，我的高中同学在考试前借我的作文素材积累本看，没想到考试时竟然用上了，考完后她就来感谢我。除了作文素材之外，复习答题的经验总结也很重要，对于即将到来的考试很有帮助。如果是阶段性测试，就可以把最近一个阶段的课文知识点再背一背、看一看，这样就能胸有成竹地走上考场了。

_____

_____

_____

_____

_____

_____

_____

_____

_____

_____

_____

_____

_____

_____

_____

_____

_____

_____

_____

_____

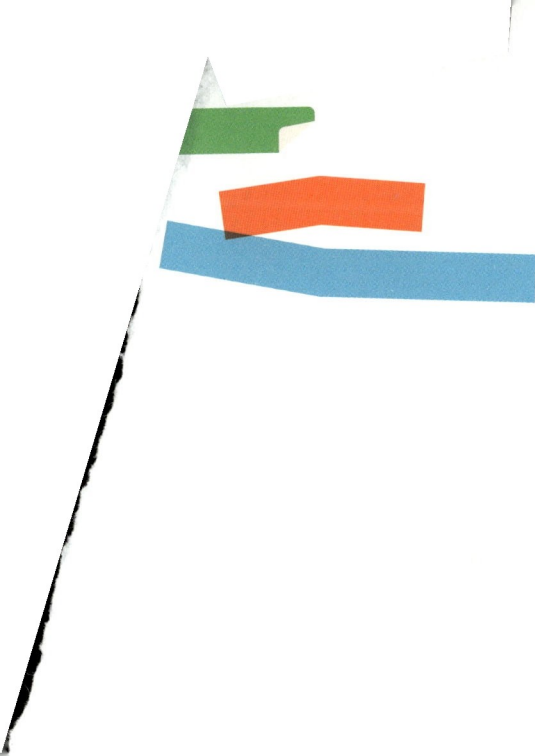

_____

_____

_____

_____

_____